Meinen Lesern

Heinz G. Konsalik

Heinz G. Konsalik, 1921 in Köln geboren, begann schon früh zu schreiben. Der Durchbruch kam 1958 mit der Veröffentlichung des Romans »Der Arzt von Stalingrad«. Konsalik, der erfolgreichste deutsche Autor der Gegenwart, hat mehr als hundert Bücher geschrieben, die in viele Sprachen übersetzt wurden. Die Weltauflage beträgt über sechzig Millionen Exemplare. Ein Dutzend Romane wurden verfilmt.

Außer dem vorliegenden Band sind von Heinz G. Konsalik als Goldmann-Taschenbücher erschienen:

Eine angesehene Familie. Roman (6538) · Auch das Paradies wirft Schatten / Die Masken der Liebe. Zwei Romane in einem Band (3873) Duell im Eis. Roman (8986) · Der Fluch der grünen Steine. Roman (3721) · Der Gefangene der Wüste. Roman (8823) · Das Geheimnis der sieben Palmen. Roman (3981) · Eine glückliche Ehe. Roman (3935) · Das Haus der verlorenen Herzen. Roman (6315) · Der Heiratsspezialist. Roman (6458) · Das Herz aus Eis / Die grünen Augen von Finchley. Zwei Kriminalromane in einem Band (6664) · Ich gestehe. Roman (3536) · Ein Kreuz in Sibirien. Roman (6863) · Liebe auf dem Pulverfaß. Roman (9185) · Die Liebenden von Sotschi. Roman (6766) · Das Lied der schwarzen Berge. Roman (2889) · Manöver im Herbst. Roman (3653) · Ein Mensch wie du. Roman (2688) · Morgen ist ein neuer Tag. Roman (3517) · Promenadendeck. Roman (8927) · Schicksal aus zweiter Hand. Roman (3714) · Das Schloß der blauen Vögel. Roman (3511) · Die schöne Ärztin. Roman (3503) · Schwarzer Nerz auf zarter Haut. Roman (6847) · Die schweigenden Kanäle. Roman (2579) · Sie waren Zehn. Roman (6423) · Sommerliebe. Roman (8888) · Die strahlenden Hände. Roman (8614) · Die tödliche Heirat. Kriminalroman (3665) · Unternehmen Delphin. Roman (6616) · Verliebte Abenteuer. Roman (3925) · Wer sich nicht wehrt… Roman (8386) · Wie ein Hauch von Zauberblüten. Roman (6696) · Wilder Wein. Roman (8805)

Stalingrad. Bilder vom Untergang der 6. Armee (3698)

Heinz G.

Konsalik

Im Zeichen des großen Bären

Roman

GOLDMANN VERLAG

Originalausgabe

Der Goldmann Verlag
ist ein Unternehmen der Verlagsgruppe Bertelsmann

Made in Germany · 6. Auflage · 10/88

Umschlagentwurf: Design Team München
Satz: Fotosatz Glücker, Würzburg
Druck: Elsnerdruck, Berlin
Verlagsnummer: 6892
Redaktion: Elvira Reitze
MV · Herstellung: Gisela Ernst/Voi
ISBN 3-442-06892-4

1

Es goß seit Tagen. Unaufhörlich rauschte der Landregen in dicken Strähnen auf das gemarterte Land nieder. Als habe eine Riesenfaust die Bäume zerknickt, standen sie da im Braungrau der umgepflügten Erde. In langen Fetzen hingen die Rinden, und ihr rötliches Holz war aufgesplittert von Granaten.

Um die Ränder riesiger Trichter krallten sich immer noch ein paar Ranken und Sträucher fest, teils schon im Lehm versackt, fast all ihrer Blätter beraubt. Eine durchsiebte Öde, ein Niemandsland, eine Todeszone für alles Lebendige, voller Blut und Blei, war diese schlammige Ebene im Sommer 1917.

Auf dem Boden des Artois und des Pas-de-Calais lagen sich die Heere gegenüber. Die Schlacht stand. Um jeden Meter des brandigen Bodens wurde gekämpft. Immer wieder war die Luft erfüllt vom Gedröhn und Geknatter der Geschosse. Wenn die innerlich erstarrten Menschen hüben und drüben, die nun nichts mehr sein durften als Soldaten, ihre Deckungen verließen zu kläglichem Angriff, ratterten die Maschinengewehre, übertönte das Bersten der Handgranaten und das Pfeifen zahlloser Spitzkugeln die Schreie und das Stöhnen der Verwundeten und Sterbenden, und später hob das lehmige Regenwasser, das Gräben und Trichter füllte, aufgeschwemmte Tote aufs nasse Land.

Der Regen hörte nicht auf. Wer in den Gräben und Unterständen bleiben wollte, mußte Wasser pumpen. Und das taten auch die Soldaten des 159. Infanterieregiments von Ontario. Die Front schwieg. Es war still, fast märchenhaft still, denn auch die Deutschen, deren Stellungen niedriger lagen, pumpten emsig, und solange gepumpt wurde, war an Kampf nicht zu denken. Die allgemeine Erleichterung lag fast greifbar in der Luft. Sie brachte so etwas wie Frieden und Einverständnis über die Fronten hinweg. Denn die Gegner waren ja nur erbitterte Feinde, wenn der Kampf tobte, wenn es um Selbsterhaltung oder um Ideale ging. Ordentliche Burschen vielleicht. Aber einer stand hier, der andere stand drüben. Er war Feind. So war das nun einmal.

Jetzt war es still. Und weil niemand immerfort unglücklich sein kann, richteten sich die Soldaten sofort in dieser Stille ein, gingen banalen Beschäftigungen nach, rauchten, aßen, zogen große Löcher in ihren Socken kühn zusammen. Und träumten. Natürlich träumten sie von zu Hause. Von Liebe. Von der Ehefrau, den Kindern. Sie hockten in den Unterständen und holten die zerknitterten Fotos aus der Tasche. In den völlig abgedunkelten Unterständen schrieben sie abends Briefe nach Hause, und rauhe Männer, die im Alltag nie ein zärtliches Wort über die Lippen gebracht hätten in der Furcht, es könne ihrer Würde schaden, besannen sich nun auf uralte Formeln der Liebe und der Sehnsucht und brachten sie erschauernd zu Papier. Für die Liebste. Für meinen geliebten Sohn, meine süße kleine Tochter. Seid mutig. Ich komme zu Euch zurück. Der Gedanke an Euch hält mich am Leben. Mit den Kameraden allerdings gab man sich großspurig und frotzelte ein bißchen über die Weiber und machte den dicken Maxen, weil es sich so gehörte. Auch in Todesnähe.

Draußen im Graben, an der Sappe 9, stand William Rockwell auf Posten. Neben seinem zugedeckten MG, den Mantelkragen hochgeschlagen, den flachen Helm tief ins Gesicht gedrückt. Von neun bis elf hatte er hier Dienst zu schieben. Er fröstelte ein wenig und starrte hinüber zu den Gräben der Deutschen.

Ab und zu meinte er dort etwas Feldgraues huschen zu

sehen, deutlich erkennbar war der dünne Strahl einer Wasserpumpe, und schwach war auch das Stampfen ihres kleinen Motors zu hören zwischen dem Platschen und Gluckern des Dauerregens.

William Rockwell kniff die hellen Augen zusammen. Jawohl, die Krauts pumpten. Ihre Stellungen lagen tiefer als die der Kanadier. Das war gut so. Solange sie Wasser im Graben hatten, waren sie beschäftigt. Zwei Armeen pumpten und fluchten, und Mars setzte schwitzend seinen Helm ab und vertauschte die Rüstung mit einer Badehose.

Alles ruhig. Der Gefreite Rockwell ließ den Blick wandern. Der Himmel hing tief über dem Artois. Dort die Mauerreste und verkohlten Balken waren einmal das Dorf St. Jules gewesen. Wenn der Wind aus der Richtung wehte, trug er immer noch Brandgeruch und einen Hauch von Verwesung mit sich. Fünfmal hatten seine Besetzer sich abgewechselt. Jetzt gab es St. Jules nicht mehr.

Weiter südöstlich lag Cambrai. Vor wenigen Tagen hatte es dort eine Panzerschlacht gegeben, das war vorher noch nie da gewesen. Es mußte furchtbar zugegangen sein. Vor den Kolossen gab es für den Infanteristen keine Rettung. Sie walzten alles nieder, seelenlose Kampfmaschinen, drehten sich wie Kreisel über Bodenlöchern, in denen Soldaten Schutz suchten, bis dort nur ein Brei zurückblieb. Wie ferngelenkte Saurier traten sie gegeneinander an. Und doch saßen in jeder dieser Vernichtungsmaschinen lebende Menschen, sicher auch voller Angst und Wut und in der unbändigen Hoffnung zu überleben. William Rockwell schauderte zusammen. Wenn so ein Panzer wirklich getroffen wurde, hatten Kameraden ihm berichtet, so wurden die Insassen regelrecht geröstet in ihrem Gefährt, braun und knusprig seien sie gewesen, hatten sie im harten Kriegsjargon erklärt, der ihnen helfen mußte, mit den Schrecken fertig zu werden.

In der Ferne, wo die Erde sich an den Himmel schmiegte

und Dunst und Regen ein friedlich-sanftes Bild vorgaukelten, mußte Arras liegen. Dahinter Calais, das Meer, dann England: Dover, Plymouth ... William Rockwells Sehnsucht entführte ihn in Windeseile nach Kanada. Er sah die weiten Weizenfelder vor sich, endlos, goldgelb, gleißende Meere, die sich im Wind wiegten. Und schnurgerade Straßen durchteilten die Wogen; übersichtlich und ordentlich und wundervoll beruhigend war dieses Land, so klar und weit, mit dem Singen des Windes und dem Summen der Insekten darüber. Zum Horizont hin ging es dann lieblich über in riesige, flache Wälder mit verwunschenen Seen darin. Der Wald war sommers silbergrau und dunkelgrün mit einem Stich ins Fliederfarbene, niemals einfach Blattgrün. Und im Herbst setzte er flammendes Purpur an, die unbeschreibliche Farbenpracht des Ahorns dominierte. Nie hatte William anderswo solche Farben gesehen.

Sonntags fuhr man manchmal mit Rädern oder dem Fuhrwerk an einen See zum Angeln. Die Frauen richteten die Picknicksachen. Er dachte an Jenny. Jenny, anmutig auf einer Decke am Ufer kauernd, in ihrem hellgrauen Jackenkleid, unter dem die schlanken Fesseln und die kleinen Füße in den schwarzen Lackschuhen hervorguckten. Es hatte ein Schößchen über den Hüften gehabt, das betonte noch die schmale Taille. Den Dachs für den kleinen Pelzkragen hatte er selbst geschossen. Jenny hatte ihr Hütchen mit der drolligen Feder abgesetzt. Ihr Haar war braun. Sie trug es locker auf dem Hinterkopf aufgesteckt. Es glänzte in der Sonne wie reife Kastanien.

William Rockwell stöhnte leise. Er hatte sie geküßt und die Hand auf ihre kleine feste Brust gelegt. Dann hatte Jim vom Ufer her gebrüllt: »Dad, ich hab' einen dran!«, und er war zu seinem Sohn geeilt und hatte ihm geholfen, die Angel einzuholen.

Seine Frau und sein Sohn. Er hatte sie jetzt gute zwei Jahre nicht mehr gesehen. Jenny mit der winzigen Nase. Alles an ihr war zierlich, die Stimme ganz hell wie die eines Kindes. Aber Mrs. Rockwell wußte durchaus, was sie wollte. Viel Energie und Lebensmut steckten in der kleinen Person. »Sorge dich nicht, liebster William, wir kommen gut zurecht«, hatte sie in ihrem letzten Brief geschrieben. »Ich helfe bei Mr. Dobbs im Laden. Lucille spielt dann am liebsten mit einer Rolle Band oder ihrer Puppe Millie. Sie ist rund und gesund und schickt ihrem Daddy einen dicken Kuß. Jim läßt dich von Herzen grüßen. Ein elfjähriger Bengel küßt natürlich niemanden mehr – oder noch nicht wieder. Bleib heil und gesund. Wir beten für dich. Kehre zurück zu Deiner Jenny, die auf dich wartet!«

William seufzte. Ja, sie wartete. Er hatte eine gute Frau, und er glaubte an ihre Treue. Es gab Kameraden, die waren viel schlechter dran. Natürlich bildete man sich auch vieles ein, wenn man weit weg und so ganz und gar unmenschlich leben mußte, aber manche hatten auch Grund zu ihren Ängsten. Der Krieg brachte nicht nur Verwundung und Tod mit sich, sondern auch Verletzungen der Seele, die nicht heilen wollten.

Jenny, dachte William Rockwell, Jenny, was tue ich hier?! Was um Himmels willen tue ich hier?! Ich bin Soldat, aber dies ist ein Krieg zwischen Europäern, im Südosten ihres Kontinents entstanden, längst hierher verlagert, was hat ein kanadischer Soldat damit zu tun?!

Er wußte aber auch, daß es töricht war aufzubegehren. Frankreich trug die Hauptlast. Es war Schauplatz der Verwüstung. Doch auch Britannien trat dem Größenwahnsinn der Deutschen entschlossen bis zum Letzten entgegen. Da war es für das Dominion Kanada selbstverständlich, zu Ehren des Mutterlandes und Seiner Britischen Majestät Georg V. einzusteigen in die Höllenfahrt. Auch in der Bukowina tobte der Kampf, an Etsch und Isonzo, doch hier war die Stätte der Entscheidung.

Engländer und Franzosen krallten sich fest, entschlossen, keine Handbreit mehr herzugeben. In Deutschland waren schon die Lebensmittel knapp. Die Menschen hungerten. Irgendwann, und hoffentlich bald, würden sie in die Knie gehen. Dann konnte überall die Ordnung wieder einkehren. Frieden. Die täglichen Mühen, die Alltagssorgen, die friedlichen Feierabende, das unglaublich wunderbare Gefühl, daß man aufrecht eine Straße entlanggehen konnte, ohne als Zielscheibe zu dienen.

William träumte, und die Sehnsucht nach Jenny zog in warmen Wellen durch seinen Körper. Seine hellen Augen verschleierten sich, das graue Gesicht rötete sich ein wenig. Heimweh und Gedanken an die Liebste und die Kinder waren es ja, die es überhaupt möglich machten, daß man Angst und Strapazen überstand. Sie holten einen Soldaten immer wieder heraus aus eisiger Verzweiflung.

Jetzt lächelte William sogar, weil er sich Jennys Gesicht vorstellte, das sie immer aufsetzte, wenn er sie neckte, indem er etwa behauptete, sie sei ohne Zweifel dicker geworden: erschrocken, mit großen hellbraunen Augen und Schmollmund, ungläubig und ein bißchen entsetzt, bevor sie den Schwindel merkte und lächelnd den Kopf schüttelte über so viel männliche Flausen, ihm manchmal auch einen kleinen zärtlichen Backenstreich gab. O ja, sie konnte auch wütend werden ...

Unterhalb seiner Träume blieb der Gefreite William Rockwell jedoch auf dem Posten. Er lauschte und sicherte gewohnheitsmäßig, wie ein wildes Tier es tut. Tun muß, um das Überleben zu sichern. Und nun zuckte er plötzlich zusammen. Was war das? Irgendwo hatte es gescheppert! Nicht besonders laut, aber eindeutig ungewöhnlich. Es klang eigentlich so, als rolle jemand eine Konservenbüchse über Steine. Das war natürlich ganz unmöglich und konnte deshalb auch nicht stimmen. Du spinnst, Junge, redete William sich selber zu, du hast eine Art Frontkoller. Dreh bloß nicht durch!

Da war es wieder! Ein Klappern und Rumoren, vermischt mit ungleichmäßigem Gebrumm. Er riß die Plane vom MG und entsicherte es. Zu sehen war nichts. Der Regen hüllte alles ein und verschluckte das Licht. Angestrengt tastete er das Gelände vor sich noch einmal mit Blicken ab. In dem Trichter dort lagen seit Tagen drei tote Deutsche. Niemand holte sie. Der Boden war dicht vermint und lag überdies voll im Schußfeld. Weiter rechts war ein verlassener Graben, und davor behauptete sich nach wie vor der Weidenbusch. Er mußte im Trommelfeuer einen Extraschutzengel gehabt haben. Selbst er hob sich kaum ab vom Grau und Braun und fahlen Gelb. Aber von da her kam das Geräusch. Jetzt klapperte es wieder! William Rockwell wollte sich um keinen Preis blamieren. Voreiliger Alarm hätte ihm Hohn und Spott und möglicherweise auch ernsthaften Tadel eingebracht.

Daß dort am Weidenbusch eine Konservenbüchse spazieren ging, schied ja wohl aus. Doch halt! Klang nicht eine deutsche Feldflasche auch blechern, wenn sie gegen etwas Hartes schlug? Sollten die Krauts etwa, trotz des Hundewetters, einen Stoßtrupp mobilgemacht haben? Den Burschen war doch alles zuzutrauen!

Also schwenkte William das Maschinengewehr kaltblütig in die Richtung des Geräuschs und steckte vorsorglich die Trillerpfeife zwischen die Lippen. Man würde ja sehen.

Aha! Es hörte sich an, als würde dort etwas Metallisches bewegt, festgestampft, Boden planiert, gearbeitet im Schutze des Regens und des Weidenbuschs. O mein Gott! Sie brachten einen Minenwerfer in Stellung! Einen leichten Minenwerfer, der immerhin Sappe 9 und 11 und wahrscheinlich auch 14 in die Flanke treffen würde. Und den Kompaniegefechtsstand konnte er in direktem Beschuß zerhacken. Also drückte William auf den Knopf seines MGs und hämmerte einen Gurt als Streufeuer zwischen die spritzenden Blätter des Busches. Stille. Dann löste sich ein Etwas aus dem Busch, ein braun getarntes Etwas, das zu rollen schien. Bevor William es jedoch recht zur Kenntnis nehmen konnte, war es in einem leeren Trichter verschwunden. Und, jawohl, dort klapperte es wieder!

Dies war nun der Augenblick der Entscheidung. William Rockwell blies kräftig in seine Alarmpfeife. Der Graben füllte sich mit Soldaten. Im ganzen Abschnitt wurden die MGs aufgedeckt. Ebenso die Granatwerfer. Die Feldtelefone des 159. Infanterieregiments rasselten auf dem gesamten Sektor. Alles ruhig! hieß es. Also lediglich Alarm für die 3. Kompanie. Verstärkte Wachen im ganzen Bereich!

Leutnant Powell, der Chef der 3. Kompanie, ließ sich sofort von William Bericht erstatten. Er gehörte zu jener Sorte kleiner Männer, die fehlende Zentimeter durch federnde Spannkraft ausgleichen. Immer wirkte er wie auf dem Sprung, und daß er unendlich zäh war, wußten alle, die ihn in der Länge überragten.

»Sie sagen: erdbraun, unförmig und schwerfällig?« fragte er mit seiner hellen Stimme.

»Jawohl, Herr Leutnant. Manchmal klapperte es auch.«

»Braun, unförmig, klappernd ... aha. Lassen Sie uns überlegen. Lief es auf Rädern oder Raupen?«

»Konnte ich nicht ausmachen, Herr Leutnant. Es verschwand in dem Minentrichter dort.«

»Ein getarnter Kleintank der Deutschen vielleicht?«

»Dafür war es zu klein.«

Powell runzelte die Stirn und rieb sich die Nase, das tat er immer, wenn er gezielt nachdachte. »Eine durch Batterien fahrbare Mine?«

William Rockwell horchte auf. »Wäre durchaus möglich, Herr Leutnant.«

Wenn es so war, dann hatte sich die getarnte Geheimwaffe wahrscheinlich verfahren. Etwas mit der Fernlenkung mochte nicht funktioniert haben.

Trotzdem – eine unbekannte Größe blieb immer eine Bedrohung. So dachten alle, so dachte auch ihr Chef. Er reckte sich um mindestens zwei Zentimeter und sagte forsch: »Ich brauche vier Freiwillige. Nummer eins bin ich selber. Wir werden uns das Ding ansehen, ihm auf die Zehen treten, bevor es uns auf die Zehen tritt!«

Wie nah er mit dem Ausdruck »auf die Zehen treten« der Wirklichkeit gekommen war, ergab sich wenige Minuten später. Der Spähtrupp startete, robbte vorsichtig ins dunstige Gelände hinein, entsicherte auf Powells Wink hin die Handgranaten und stürzte die letzten Meter halb aufrecht zum Trichter hin. Vom deutschen Graben her ballerte es pflichtgemäß, aber recht lustlos. Sie waren schneller. Und dann sahen sie die Bescherung!

Der Trichter war halb mit lehmiger Sauce gefüllt, wahrhaftig kein einladender Aufenthaltsort. Und da hockte, am Rande des Tümpels, auf den Speichen eines zerbrochenen Rades, die Geheimwaffe der Krauts. Die vier rieben sich die Augen. Das gab's doch nicht!

Powell sah Rockwell forschend ins Gesicht. »Spinn' ich?« fragte er.

Rockwell riß sich zusammen. Dann meldete er: »Ein Bär, Herr Leutnant!«

Der Gefreite Micklewhite war der erste, der den komischen Kern der Sache erfaßte. Er gluckste, prustete, versuchte, eine seriöse Miene aufzusetzen, und platzte dann hemmunglos heraus mit einem wilden Gelächter.

Der Bär guckte sich die vier uniformierten Gestalten ziemlich mißmutig an. Er hatte gerade einen der Näpfe gefunden, in denen so etwas Süßes, Klebriges war, manchmal sogar noch Stückchen von einer ausgesprochenen Delikatesse. Und das Feine war, daß die Dinger hier ziemlich reichlich herumlagen.

Als Micklewhite losprustete, gackerte, schrie vor Lachen, schlossen sich die anderen an, zuerst Powell, dann Smith, schließlich auch William Rockwell, der sich ein bißchen geniert hatte wegen seines Alarms.

Das Gelächter der vier schallte über das zerstörte Land, wie eine schöne Botschaft. Die Kameraden vom 159. Infanterieregiment hörten es. Und auch in den deutschen Stellungen kam es an, einige Stahlhelme tauchten blitzartig drüben auf und verschwanden wieder.

Der Bär war fast noch ein Baby. Jedenfalls sah er viel kleiner aus als das Trumm, dem William in seiner kanadischen Heimat mitten in einem Blaubeerenfeld begegnet war. Der Bär hatte damals William erst angeschaut und ihm ohne weiteres das Hinterteil zugedreht. Weggetrottet war er! Seitdem glaubte William nicht mehr so recht an all die Geschichten von mordgierigen Bären.

Dieser hier war ein richtiger Teddy. Er saß possierlich da, blinzelte mit Kaffeebohnenaugen, hatte kleine Plüschohren, eine spitze und ziemlich klebrige Schnauze, ein rundes Bäuchlein und war unwahrscheinlich dreckig. Das braune Fell hing voll angetrockneter Lehmklumpen und war schon wieder naß, gelblichgrau verklebt. Die Männer hockten ihm gegenüber, Auge in Auge. Er hatte die Konservenbüchse noch zwischen den dicken Pfoten. Es war eine der Pfirsichkonfitürebüchsen der Firma Goudben & Co., Los Angeles, die zur Verpflegung der kanadischen Truppen gehörte. Leere Exemplare warfen sie oft ins Gelände. Schießkünstler demonstrierten gelegentlich auch gern ihre Treffsicherheit an ihnen.

Zwischen zwei Lachern gluckste Leutnant Powell: »Es

gibt doch mehr Dinge zwischen Himmel und Erde, als wir uns träumen lassen.«

Und Rockwell japste: »Ein Waschbär ist er jedenfalls bestimmt nicht! Eher ein Dreckspatz.«

Der Kleine war keineswegs eingeschüchtert. Er verhielt sich vielmehr abwartend. Menschen waren ihm nicht unvertraut, nein, eigentlich hatte er ihre Gesellschaft sehr entbehrt, seit diesem Etwas, das dumpf in seinen Erfahrungsschatz eingegangen war. Feuer, Dröhnen, seine Mutter, die sich nicht mehr bewegte. Das andere Bärenkind, das plötzlich beinahe wie Futter ausgesehen hatte.

Nichts war mehr da gewesen, nicht der Mann, der ihnen das Fressen gebracht hatte, noch die Leute, die sie anglotzten wie diese hier, noch die Gitter. Gar nichts. Da war er eben losgetrottet. Hatte gewinselt und gebrummt, und später, als der Hunger zu groß wurde, waren halbverschüttete Instinkte wieder in ihm erwacht. Nahrung suchen! Fressen, was wuchs und was sich bewegte. Naschen, was so gut schmeckte wie diese Dinger, wenn man hineinleckte.

Rockwell streckte die Hand aus und kraulte ihn da, wo der Kopf plusterig in die runden Schultern überging. Der Bär tat ein bißchen unbehaglich, ließ es sich aber gefallen. Zärtlichkeiten hatten ihm sehr gefehlt. Eigentlich gehörte er noch unter Mutters Fittiche. In der freien Wildbahn hätte eine andere Bärin das hilflose Bärenkind adoptiert. Zwei Jahre lang wäre er dort der Erfahrenen gefolgt, bis er sich endgültig auf die eigenen Sohlen gestellt hätte. Er war ja kaum abgestillt gewesen, als das Unglück passierte.

»Na, Kleiner«, sagte William mit einer weichen Stimme, die seine Kameraden noch nie bei ihm gehört hatten, »wir müssen dich wohl gefangennehmen, wie? Was würdest du zu einer vollen Büchse Marillenkompott sagen, hm?«

Der Bär sah ihn abwartend an.

»Sie wollen ihn mitnehmen?« fragte Powell.

»Jawohl. Herr Leutnant, Gefreiter Rockwell meldet gehorsamst, einen jungen Braunbären gefangengenommen zu haben. Erwarte weitere Befehle!«

Sie lachten nun nicht mehr. Erstens mußte ein Entschluß gefaßt werden, das Tier betreffend. Zweitens mußten sie wieder zurück. Und jetzt, da Spannung und Neugier fehlten, erschien die Strecke plötzlich weitaus länger und gefährlicher als vorhin.

Powell wandte sich an die beiden anderen Männer. »Ihre Meinung, Micklewhite, Smith?«

Die beiden sahen sich an und nickten.

»Wir können ihn hier nicht mit ein paar ollen Blechbüchsen zurücklassen, Sir«, sagte Micklewhite.

Smith ergänzte: »Eine lausige Gegend, selbst für kleine Bären, Herr Leutnant.«

Powell reckte sich im Hocken um mindestens zwei Zentimeter. »Okay. Rockwell, Sie haben diese fahrbare Mine entdeckt. Bringen Sie also auch gefälligst Ihre Beute ins Trockene. Gott befohlen. Auf geht's, Männer!«

Rockwell packte das Bärchen am zotteligen Pelz. Es stellte sich zuerst zickig an, bockte, wollte im Trichter bleiben. Aber dann, den angeborenen Gehorsam Stärkeren gegenüber noch in den Knochen, gab es nach. Und nun geschah das allererste Bärenwunder bei St. Jules. Die Deutschen schossen nicht, während der sonderbare Stoßtrupp zurückrobbte und Rockwell seine Beute hinter sich herzog, wobei er nicht einmal einen Strick hatte.

Ob es nun am Landregen lag oder an dem Gelächter vorhin, das etwas in ihnen zum Klingen gebracht haben mochte, ob sie das Tier mit ihren Ferngläsern ausmachen konnten und gerührt waren wie diese vier hart gewordenen Männer hier – sie schossen nicht. Vier Männer und ein Bär enterten wohlbehalten den eigenen Graben, den eigenen Unterstand.

Das Hallo war beispiellos. Noch nie hatte irgendein hoher Offizier auch nur annähernd so einen Empfang erhalten. In einer sofort eingeleiteten Spendenaktion kamen so viele Büchsen mit Obst zusammen, daß Rockwell darauf bestand, sie dem Bären nur nach und nach zuzuteilen, damit er sich nicht den Magen verdarb.

»Wie soll er heißen?« fragten die Männer, die ganz aus dem Häuschen waren und das Erscheinen des Bären, das ja immerhin ungewöhnlich genug war, glatt für ein gutes Omen hielten.

Der Kleine schien die ganze Prozedur des Begucktwerdens gar nicht so übel zu finden. Er hockte da und machte ein fotogenes Gesicht, so richtig niedlich und babyhaft, genau die Miene, die Beschützerinstinkte auslöste.

»Rockwell?« fragte Powell.

»Ich schlage vor, daß wir ihn erst taufen, wenn wir ihn besser kennen«, schlug sein Entdecker vor. »Vielleicht sollten wir ihn provisorisch ›Bär von St. Jules‹ nennen.«

Powell nickte. »Dagegen kann niemand etwas haben«, entschied er, »auch nicht der Bär von St. Jules.«

Wie stets an der Front, wo aus männlichen Exerziermaschinen unweigerlich selbstverantwortliche Kämpfer werden mußten, war das strenge militärische Reglement gelockert. Vorgesetzte und niedere Dienstgrade gingen, dem Tod gemeinsam so nahe, lässiger miteinander um. Aber natürlich mußte die Form gewahrt bleiben. Disziplin war unerläßlich. Kühne Alleingänge konnten streng bestraft werden.

So durfte die 3. Kompanie des 159. Infanterieregiments von Ontario auch nicht einfach einen jungen Bären adoptieren, und außerdem mußte nun ja, wohl oder übel, das etwas peinliche Ergebnis des Rockwellschen Alarms samt tapferem Spähtrupp gemeldet werden.

Leutnant Powell reckte sich also um drei Zentimeter, pumpte den Brustkorb auf, runzelte die Stirn und ließ sich mit dem Regimentsgefechtsstand verbinden.

Clark, der Adjutant des Kommandeurs, versuchte abzuwiegeln wie eine tüchtige Sekretärin. Er werde Oberst Perkins, der im Moment verhindert sei, die Nachricht übermitteln, versprach er. Powell jedoch beharrte darauf, den Oberst persönlich zu sprechen. Es sei sowohl dringend als auch wichtig, erklärte er mit schneidend hoher Stimme.

Oberst Perkins, den alle hinter seinem Rücken »Luckie« nannten, obwohl er mit Vornamen Jack hieß, kam tatsächlich ans Feldtelefon.

Die Meldung ging streng militärisch vor sich: »Leutnant Powell, Sir! Die neue deutsche Waffe, zunächst als fahrbare Mine angesprochen, entpuppte sich bei unserem Stoßtruppunternehmen aus der Nähe als Braunbär, männlich, etwa sechs bis acht Monate alt, schätzungsweise. Das Tier befindet sich als Gefangener bei der dritten Kompanie. Leutnant Powell bittet gehorsamst, das Tier, genannt ›Bär von St. Jules‹, der dritten Kompanie als Maskottchen zu überlassen. Die Ernährung des Bären aus Armeebeständen ist sichergestellt. Der befohlene Alarm wurde zurückgenommen. Die Front ist ruhig. Im Abschnitt nichts Neues!«

Oberst Perkins' irische Vorfahren, ausnahmslos Käuze und Eigenbrötler, stimmten im Himmel ein großes Gelächter an. Einige auch in der Hölle. Perkins' Zwerchfell begann angenehm zu kribbeln. Er bemühte sich jedoch um einen seriösen Tonfall. »Der Bär von St. Jules bleibt für die Nacht im Gewahrsam der dritten Kompanie. Ich mache Sie dafür haftbar, daß der Gefangene nicht flüchtet«, bellte er. »Morgen wird über das weitere Schicksal des besagten Gefangenen entschieden werden.«

»Jawohl, Herr Oberst!«

Es kam noch ein Nachsatz, jetzt mit vertraulicher Offizierscasino-Note: »Was frißt er denn gern, Powell?«

Die Antwort erfolgte prompt: »Pfirsiche ... Jedenfalls die von Goudben und Co., Sir.«

Die 3. Kompanie hatte es schon lange gefuchst, daß andere Regimenter Ziegenböcke als Maskottchen hatten, die sogar befördert wurden und eine Art Uniform mit Litzen tragen durften. Ein Regiment hatte ein rosa-schwarz gemustertes Schwein gehabt, ein anderes gar einen Adler mit eigens für ihn abgestelltem Pfleger. Natürlich, jetzt war Krieg. Der hatte ernstere Gesetze. Und doch: Der Gedanke, daß sie von einem leibhaftigen Bären begleitet wurden, war überaus verlockend. Außerdem war es schon ein Wunder, daß der kleine Geselle durch die Linien gerollt war, dem Feuer und der Vernichtung entkommen konnte, Fressen gefunden hatte, wo eigentlich nichts mehr war. So ein Wunder setzte man nicht wieder an die Luft! Sie waren gerührt – diese arglose Kreatur inmitten der unmenschlichen Kriegsmaschinerie hatte etwas Ergreifendes für sie. Wie sich das Herz eines Strafgefangenen einer winzigen Maus zuwenden mochte, die in seine Zelle schlüpfte, so neigte sich hier belustigte Zärtlichkeit dem Bärenkind zu.

Dabei war allen auch der Haken an der Sache klar. Wenn es als Maskottchen anerkannt wurde, so gehörte es offiziell zum Regimentsgefechtsstand und nicht in den Graben der 3. Kompanie.

»Luckie hat gesagt, morgen werde über sein Schicksal entschieden.« Die Nachricht machte die Runde.

Vorerst wurde der Kleine mit Büchsenfleisch und Kartoffeln gefüttert, bekam auch ein kleines Pfirsichdessert und sogar einen Nachschlag davon.

Der Bär wirkte etwas verbiestert wegen der vielen Leute, im ganzen jedoch nicht unzufrieden. Sicher hatte er unter seiner Einsamkeit gelitten. Was wußte man schon, was in einem Tierkind vorging? Jedenfalls mußte es sich gefürchtet haben unter dem Beschuß, weil Tiere einen Instinkt für Gefahr hatten. Selbst Pferden oder Hunden, die doch mit Menschen aufwuchsen, konnte man die Angst vor dem Knallen nur äußerlich abdressieren. Im Grunde verging sie nie.

Nun standen also die erwachsenen Männer im Unterstand um den Bären herum und machten sich Gedanken. Wie zahm oder wie gefährlich war zum Beispiel so ein Brummi in diesem zarten Alter? Ließ man ihn herumlaufen wie ein Hündchen, oder legte man ihn besser an die Leine?

Arthur Shenessy, der Spinner vom Dienst, der im Privatleben okkultistische Bücher schrieb, verlangte energisch, das Tier müsse festgemacht werden, schließlich sei ein Bär ein Raubtier, und ein kleiner Bär bleibe immer auch ein kleines Raubtier, und der Bursche sehe schließlich recht kräftig aus.

Also nahm Rockwell seufzend seinen Schulterriemen und bastelte daraus eine Art Leine zurecht. Der Bär von St. Jules allerdings zeigte sich höchst ungehalten über diese Idee. Er schüttelte sich und brummte, als Rockwell ihm das provisorische Halsband überstreifen wollte. Doch dann spielte das alles plötzlich keine Rolle mehr.

Bereits in den Vormittagsstunden hatten sie ein feindliches Flugzeug beobachtet, das ihre Stellungen überflog. Ein einmotoriger Doppeldecker. Ein Aufklärer, flink wie eine Mücke. Bestimmt hatte der Pilot saubere Fotos der Stellungen geschossen. Es lag wieder Blei in der Luft.

Doch was sich jetzt, gegen halb elf, tat, war schrecklich und vertraut zugleich, ein vorbeugendes Unternehmen der eigenen Artillerie, ein Flammen, Flackern, Heulen, Dröhnen, Bersten und Krachen. Über ihren Unterstand hinweg pfiffen die eigenen Geschosse, ein wüstes Gewitter ging nieder auf Stellungen und Anmarschwege der Deutschen. Die Nachschublinien mußten gekappt werden. Das war ungeheuer wichtig. Die Deutschen hungerten bereits. Jedes gefallene

Pferd wurde unter Lebensgefahr zerstückelt und hinter die Linien geschleppt als Kraftnahrung. Nicht einmal Hunde sollten vor ihrem Hunger sicher sein.

Die Soldaten im Unterstand saßen ganz still. Sie wirkten versteinert. Eisige Kälte breitete sich in ihnen aus, legte Gefühl und Sehnsucht und sogar Angst lahm, kroch das Rückgrat hinunter, ließ sie die Augen heben, die nichts sahen. Sie saßen da in der stickigen, verbrauchten, verrauchten Luft, hinter der sorgfältig geschlossenen Zeltplane, die keinen Schimmer der blechernen Stearinpatrone nach außen dringen ließ, die auf einer Kiste rußte und flackerte. Hockten da auf Brettern unter der Erde, die Waffen griffbereit, zwischen nassem Lehm, Balken und Draht. Rauchten gewohnheitsmäßig. Einer betete leise.

Die eigene Artillerie schoß, doch die feindlichen Gräben lagen nur etwa zweihundert Meter entfernt. Niemand war unfehlbar. Oft waren die Geschoßwinkel zu kurz berechnet, dann kamen die eigenen Leute unversehens ins Feuer.

Als der erste Sturm vorüber war, verließen einige Männer den Unterstand und gesellten sich zu jenen im Graben. Das Mausefallengefühl war dort weniger ausgeprägt. Gräben und Unterstände waren schließlich zwar gleichermaßen sicher gegen die Splitter der Schrapnells, doch boten sie ebenso gleichermaßen keinerlei Schutz gegen wirkliche Treffer. Und vorn war etwas zu tun!

Denn nun legten die Krauts los mit ihrem Sperrfeuer! Geschosse orgelten in die andere Richtung. Emsig wurden am Aufblitzen der Mündungsfeuer die genauen Stellungen der feindlichen Geschütze errechnet. Zahlen schwirrten durch die Luft, das Ritual der militärischen Ausbildung, das in solchen Momenten Halt vermittelt, lief ab.

Rockwell war im Unterstand geblieben. Seine Wachzeit war um. Er hatte den kleinen Bären prüfend angeschaut und gesehen, daß er sich unendlich ängstigte. Diese Art von

Krach und das Gefühl, in einem Käfig zu sein, lösten in dem Kleinen Erinnerungen aus. Die blanke Angst, ganz mutterseelenallein der Welt trotzen zu müssen, ließ ihn nach einem Ausweg oder einem Schutz suchen. Er zog sich weiter zurück und wiegte den Kopf hin und her. William Rockwell meinte in den Tieraugen den fast menschlichen Ausdruck von Not zu erkennen.

Und dann spürte der kleine Bär plötzlich Wärme und Schutz. William Rockwell war zu ihm hingeglitten und hatte die Arme um ihn gelegt. Das mutterlose Kind schmiegte sich hinein. Mitten im Geheul und Gedröhn der Geschosse breitete sich in dem Bären die wundervolle Gewißheit aus, daß jemand da war, zu dem er gehörte. Er hatte wieder eine Heimat. Einen Beschützer. Eine Mutterfigur.

Als der Spuk vorbei war und die Kameraden wieder eintraten, hielt William Rockwell den Bären immer noch fest. Er war erfüllt von der Aufgabe, dem zotteligen, dreckigen Gesellen hier Freund und Beschützer zu sein.

»Nanu«, sagte einer, »guckt euch Rockwell an. Der Junge hat 'nen Teddy auf dem Schoß!«

Ein anderer frotzelte: »'n Mädchen wär' mir lieber.«

„Verpfeift euch«, sagte William und lachte, während das Bärchen ein mürrisches Kindergesicht aufsetzte. »Ich mache ihm jetzt sein Halsband um, und er schläft diese Nacht hier. Basta. Morgen sehen wir weiter!«

»Ist ja gut, Junge«, lachten die anderen. »Wir wollen deinem Bären doch gar nichts tun. Bloß gut, daß er nicht zu den Krauts übergelaufen ist! Die hätten bestimmt Bärenbraten aus ihm gemacht!«

Der Bär gab ein Geräusch zwischen Husten und Fiepen von sich.

William sagte stolz: »Seid gefälligst vorsichtig. Er versteht alles!« Dann streifte er dem Bären das Halsband über, und diesmal ließ das Tier es sich widerstandslos gefallen. Hier war sein Freund. Der meinte es gut mit ihm. Großen Freunden mußte man gehorchen, wie man seiner Mutter gehorcht hätte.

Der Bär schlief gut. Er brummelte manchmal ein bißchen, träumte wohl von etwas, das seine Ahnen ihm mitgegeben hatten, oder auch von eigenen Erlebnissen, denn für sein Alter hatte er ja viel mitgemacht.

Am nächsten Vormittag steckten Kameraden vom Stab den Männern der 3. Kompanie telefonisch, daß der Adjutant von Oberst Perkins zu einer »Inspektion« aufgebrochen war. Ziel: die 3. Kompanie.

Also begann William Rockwell sofort, den Bären in einen vorzeigbaren Zustand zu versetzen, soweit das möglich war.

Es regnete nicht mehr. Die Nacht war bereits trocken gewesen. Jetzt jagten nur gelegentlich dicke Wolkenkissen über einen makellos blanken Himmel. Die Sonne brannte geradezu durch die vom Regen gereinigte Luft. Es stank, wie immer. Es stank faulig, nach Brand und Exkrementen, auch nach Ammoniak wie manchmal in der Nähe eines Gaswerks. Der Boden war getränkt mit den Gasen der Geschosse, verwesenden Essensresten, den Ausdünstungen der Toten, die hastig hatten beerdigt werden müssen, und dem sumpfigen Atem der sterbenden Pflanzen. Die Sonne zog den Gestank aus dem nassen Boden hoch, hüllte ihn in Feuchtigkeit ein und schickte ihn warm und betäubend eklig in die Nasen.

Arthur Shenessy, der Spinner, betrachtete den Bären böse durch seine Nickelbrille. »Er stinkt«, behauptete er.

»Du stinkst auch!« konterte William böse.

Sofort fielen auch die anderen über Shenessy her: Er solle sich lieber mit seinen Geistern und Gespenstern beschäftigen als mit einem netten Bären. Wer kein Tierfreund sei, habe keinen guten Charakter.

»Als ich ein Kind war, kam ein Bärenführer mit einem

großen braunen Tanzbären in unser Dorf«, sagte Arthur Shenessy, »ein possierliches Tier. Ein Mädchen schlug das Tamburin, und er tanzte, stand auf den Hinterbeinen und tanzte. Wir waren begeistert. Ein Junge muß ihn von hinten mit dem Flitzbogen angeschossen haben, das konnten wir uns aber erst hinterher zusammenreimen. Jedenfalls wurde der Bär wild und ging auf die Zuschauer los, und der Mann konnte ihn nicht zurückhalten, obwohl er die Kette nicht losließ. Ihr habt doch keine Ahnung, wie kräftig so ein Bär ist.« Er blickte in eine Ferne, in der seine Kindheit lag, und stöhnte auf. »Er schlug einmal zu. Nur einmal. Und er traf meinen kleinen Vetter. Vom Hals über die Schulter hinunter bis zur Hüfte war Robert nur noch ein blutiger Brei. Er hat für immer schwere Narben und einen bleibenden Schock behalten.«

»Aber dieser Bär ist doch ganz klein«, gab William zu bedenken. Shenessy tat ihm leid mit seiner schrecklichen Erinnerung, doch war es wohl zimperlich und auch ungerecht, sie dem Kleinen hier anzulasten. Jeder hatte schreckliche Erinnerungen genug. Jeden Tag wurden es mehr, verdammt nochmal!

»Ich verlange, daß der Bär wegkommt«, beharrte Shenessy eigensinnig.

Etienne Guide, Milchmann und Amateurringer in Montreal, zeigte Shenessy drohend seine Bizepse und sagte sanft, sie würden eben demokratisch über den Verbleib des Bären abstimmen. Doch sie alle hatten die Rechnung ohne »Adju« John Clark gemacht.

Er trudelte zusammen mit zwei Mannschaftsgraden ein und tat so, als wolle er die Stellungen besichtigen. Schneidig schlängelte er sich durch die kunstvoll verwinkelten Gänge zwischen dem Drahtverhau, ging mutig ein Stück aufrecht am Graben entlang, den Oberkörper als Ziel darbietend, prüfte Verstrebungen und erkundigte sich nach dem Funktionieren des Verpflegungsnachschubs. Er überhörte geschickt Bemerkungen der Leute wie: »Die Typen vom Stab kreuzen immer erst auf, wenn der größte Schmadder schon wieder beseitigt ist« und ließ dann endlich die Katze aus dem Sack. Er verlangte den Bären zu sehen!

William Rockwell hatte dem Bären die Lehmbrocken aus dem Fell gezupft, so gut es ging. Er fand, daß sein Bär adrett aussah, und erhob sich erwartungsvoll.

Aber Leutnant Clark zuckte förmlich zurück.

Leutnant Powell, der ebenfalls sehr stolz auf ihr Maskottchen war, stellte zackig vor: »Lieber Kamerad, ich stelle Ihnen den Bär von St. Jules vor!«

Clark betrachtete das Tier. Der Bär starrte aus Knopfaugen zurück. Sie mochten sich nicht.

»Das soll ein Bärenbaby sein?« fragte Clark. »Aber ich bitte Sie, lieber Kamerad, das ist ja ein ziemlich großes Vieh, größer jedenfalls als ein Schäferhund zum Beispiel, auch größer als eine Dogge!«

»Kleiner haben wir leider keinen da«, sagte Powell ärgerlich. Diesen eingebildeten Affen, der hinten beim Gefechtsstand eine relativ ruhige Kugel schob und hier mit schneidender Stimme tönte, konnte er sowieso nicht besonders leiden. Und wer ihren Bären beleidigte, der hatte es mit ihnen erst recht verdorben. Ein Blick auf seine Männer zeigte ihm, daß sie auch so dachten. Bis auf Shenessy natürlich, in dessen Lehmgesicht sogar etwas Farbe kam.

Aber auch Shenessy sollte bald merken, daß für ihn hier kein Verbündeter in der Abneigung gegen Bären erwachsen war. Auf einen Wink von Clark trat nämlich einer seiner Begleiter vor und lieferte zackig zwei Büchsen Mirabellenkompott ab.

Der Bär kniff die Augen etwas zusammen und nahm sofort ein freudig-listiges Aussehen an. Keine Frage: Er erkannte die Büchsen!

Clark zündete sich lässig eine Zigarette an und ließ seine Mine los: »Heute nacht ist der Bär im Schutze der Dunkelheit zum Regimentsgefechtsstand zu bringen. Luckie – äh – der Herr Oberst will ihn sehen.«

William Rockwell senkte den Kopf und machte so etwas Ähnliches wie »Haltung annehmen«.

Powell reckte sich um mindestens drei Zentimeter und erklärte mit seiner hellsten Stimme: »Wir wissen, daß Sie als Überbringer des Befehls nur Ihre Pflicht tun. Selbstverständlich ist Befehl Befehl. Ich werde den Bären jedoch persönlich begleiten und mit Luckie – äh – Herrn Oberst über den weiteren Verbleib reden.«

Clark nickte mit blasierter Miene. »Wie Sie wollen, Kamerad. Wenn ich mir jedoch noch eine private Bemerkung erlauben darf, möchte ich Ihnen in Erinnerung bringen: Ein Bär ist bloß ein Bär und kein Mensch!«

In diesem Augenblick erhob der Bär sich ungeduldig auf die Hinterbeine. Tatsächlich, er war ziemlich groß. Und obwohl er eigentlich nur ungeduldig nach dem bekannten Inhalt der Büchsen Ausschau hielt und den Entscheidungen der Leute, die ihm etwas davon geben sollten, ein bißchen nachhelfen wollte, stand er nun doch unversehens Leutnant Clark gegenüber, fast wie von Mensch zu Mensch.

Clark verließ eilig den Unterstand. William Rockwell streichelte seinem Schutzbefohlenen das zottige Fell und beeilte sich, ihm etwas zu fressen zu geben. Natürlich, ein wenig vorsichtig mußte man schon sein. Sicher, ein Bär war ein Bär. Aber doch nicht so! Nicht so, wie dieser Affe es meinte!

Der Postempfang war immer einer der Höhepunkte des Tages. In der Etappe wurde eine wahre Staatsaktion daraus gemacht – mit Antreten im Karree und feierlichem Aufrufen der Namen. In den vordersten Linien konnte man sich das natürlich nicht leisten. Doch hier waren der stille Jubel und die Erschütterung beim Empfang eines Briefes noch stärker. Es war ein Fetzen Papier, den sie da in Händen hielten. Doch die Liebste, die Mutter, irgend jemand, der an einen gedacht hatte, der sich hingesetzt hatte, um einem zu schreiben, gab mit dem Brief ein wenig von sich mit auf die Reise. Bleib stark! Komm heil zurück! Verzage nicht! Die Wünsche aus einer anderen, glücklicheren Welt gaben dem Soldaten Kraft. Und wenn er schon wie ein Tier leben mußte, so gab es doch diese Brücke in eine menschenwürdige Zukunft.

Rüde Typen strichen verstohlen über das Papier und trugen es dicht am Herzen. Und manch hartgesottener Kerl, der betonte, er brauche niemanden, hatte über einem niemals erwarteten Brief Tränen vergossen. Ein Mann weinte nicht. Doch jetzt war man dem Tode so nahe, da mußte man sehr tapfer sein, aber man brauchte nicht mehr dieses Übermaß von Verstellung zu produzieren, das im zivilen Leben unumgänglich war.

William Rockwell hatte an diesem Morgen wieder einen Brief erhalten. Jenny schrieb oft. Die Kameraden beneideten ihn darum. Ein Zettel von Jim lag bei. »Ich wachse schnell, lieber Dad, und bald bin ich auch im richtigen Alter. Dann will ich auch kämpfen für die gerechte Sache der freien Völker. Aber natürlich wünsche ich auch, daß der Krieg bald zu Ende geht. Damit du wieder zurückkommst zu uns und Mr. Dobbs sagst, daß er mir gar nichts zu sagen hat. Dein Sohn Jim.«

Der letzte Satz gab William zu denken. Wieso hatte Mr. Dobbs Jim überhaupt etwas zu sagen? Gut, Jenny half in dem Kaufmannsladen von Dobbs aus. Sie schrieb, das Geschäft habe einen starken Aufschwung genommen. Mr. Dobbs hatte eine Drogerieabteilung dazugenommen. Und in der Tat lag der Dobbssche Laden sehr günstig an der Straße, die stracks zum See führte. Ja, es war die Straße, in der zu Friedenszeiten die jungen Soldaten und die Schüler des

Gymnasiums zu bummeln pflegten, wenn sie Ausgang oder wenig Schularbeiten zu machen hatten. Und natürlich kurvten dann auch die Mädchen rein zufällig dort entlang, eingehakt, schwatzend, mit niedergeschlagenen Augen und schnellen Augenaufschlägen im richtigen Augenblick.

Sie werden auch jetzt noch bummeln, dachte William. Es ist doch friedlich dort. Ein paar Männer fehlen – oder fehlen nicht einmal. Sie denken, daß die Welt sich um sie dreht, weil sie leiden und dem Tod ins Auge sehen müssen. Aber in Wirklichkeit haben sie vielleicht kaum eine Lücke hinterlassen.

Sein Herz krampfte sich zusammen. Wieso hatte Mr. Dobbs seinem Sohn »etwas zu sagen«? Und schrieb Jenny nicht auffallend viel über ihre Arbeitsstätte und den wundervollen Mr. Dobbs?

»Unsere Lucille kann schon ein Kinderlied singen, du weißt doch, das von Bob, und wohin er immer geht«, schrieb sie. »Mr. Dobbs mußte sehr lachen, weil sie den Text noch ziemlich durcheinanderbringt. Sie mögen sich sehr gern. Er ist ja ganz allein. Seine alte Mutter ist im vorigen Jahr gestorben, das weißt du wohl? Ich denke viel an dich und sehne mich nach dir. Es ist schwer, allein zu sein. Allein mit den Kindern. Sie könnten auch ihren Dad brauchen, besonders Jim, der schon beinahe ein kleiner Mann ist und sich nichts sagen lassen will. Komm bald! Ich küsse dich! Deine Jenny. Ich habe mein Haar kürzer schneiden lassen. Es trocknete so schwer nach dem Waschen. Viel zu lang. Nächstes Mal lege ich ein Bildchen bei. Du wirst es mögen. Küsse, Deine Jenny.«

Ein kalter Hauch wehte William an. Sie hatte sich die Haare abschneiden lassen? Warum bloß? Diese wundervollen kastanienbraunen Haare, die glänzten und in weichen Wellen bis auf ihren Rücken hinabfielen, wenn sie abends die Nadeln herauszog. Dann hatte sie vor der kleinen Spiegelkommode gesessen und das Haar gebürstet. Sehr gewissenhaft. Richtig ärgerlich war sie geworden, wenn er sie auf die Schulter küßte und in der leichten, warmen Pracht wühlte.

Dobbs. Verdammt. Ein rötlichblonder, fader Geselle, soweit William sich erinnern konnte. Weißer Kittel, wie ein Apotheker. Gespreiztes Gehabe. Ich drehe ihm den Hals um, wenn er sich an meine Jenny heranmacht, beschloß William zähneknirschend. Doch erst einmal konnte er gar nichts tun. Nur hoffen.

Leider wurde man hier an der Front, in der Fremde, auch zu leicht argwöhnisch, reimte sich etwas zurecht, das gar nicht stimmte. Anderen war es auch so ergangen. Schließlich würde seine Jenny, wenn sie wirklich etwas mit diesem Dobbs anfangen wollte, die ganze Geschichte doch geheimhalten. Ja, das würde sie! Allerdings war da Jim. Ein großer Junge, der helle war und vielleicht ein bißchen aufpaßte.

William begab sich zu dem Bären, der an einem Kantholzpfeiler festgebunden war und ziemlich mißmutig wirkte. »Na, alter Junge? Guck nicht so ärgerlich aus dem Pelz«, sagte er zu seinem Schützling und neuen Freund. »Du stehst hier nichts aus. Und Sorgen mit der Liebe hast du auch nicht. Noch nicht. Also, mach gefälligst ein freundliches Gesicht.«

Der Bär tat so, als hätte er auf seinem runden Bauch etwas höchst Interessantes entdeckt. Er war satt und müde und wollte nicht gestört werden.

»Meinst du, daß sie mich betrügt, Teddy?« fragte William und kraulte den Kleinen am Hals.

Der Bär sah betont in die andere Richtung.

William mußte wider Willen lachen. »Du hast wohl auch miese Laune«, schmeichelte er, »na, das ist aber nicht nett. Heute abend bringen wir dich zum Oberst. Benimm dich gut, sonst jagen sie dich weg. Verstehst du, Teddy?«

Der Bär guckte ihn an und schloß die Augen zu kleinen

Schlitzen. Es sah aus, als blinzele er William zu.

»In Ordnung, Teddy. Wir machen das schon. Wir beide.«

Leutnant Powell, Gefreiter Rockwell und ein Bär machten sich auf den Weg, nachdem die violette Abenddämmerung in eine schwärzliche Nacht übergegangen war. Der Mond hing als schmale Sichel am Himmel. Er hatte vielleicht das neue Wetter mit sich gebracht. Federwölkchen. Blinkende Sterne. Die Milchstraße war zu erkennen, als der sonderbare Trupp aufbrach.

Im Zickzack durchquerten sie den Drahtverhau, Mauern aus Stacheldraht, durch die sich schmale Pfade wanden und Erdwände Deckung gaben. Stollenstücke, Quergräben, Trichter, die von Einschüssen herrührten, und die Riesenmaulwurfshaufen hochgeschleuderter Erde bildeten ein Labyrinth, in dem nur Eingeweihte sich zurechtfanden. In Granattrichtern waren Lafetten mit Waffen postiert, in Stollen warteten Minen in Weidenkörben auf den Einsatz.

William rief den Soldaten etwas zu.

Die staunten zurück. Denn soweit man die gebückt dahingleitenden Gestalten erkennen konnte, lief eine davon doch wohl auf vier Beinen! Nun, die Nachricht vom Bärenkind hatte sich natürlich längst wie ein Lauffeuer verbreitet. Ja, selbst in die deutschen Linien war wie durch ein Wunder ein bißchen von der Mär durchgesickert.

Der Bär hatte sich anfangs gewehrt. Er wollte nicht da herummarschieren. Doch da sein neuer Mensch ihn fest an der Leine führte, trabte er schließlich gelassen mit.

Es sah gut aus. Die Nacht war ruhig – beinahe verdächtig ruhig. Immerhin war dies die Zeit für Spähtrupps und Aufklärungsunternehmen, auch für gezielte Überraschungsangriffe auf ein Geschütz oder gar ein Lebensmitteldepot im Frontbereich.

Früher, in der ersten Zeit des Grabenkrieges, hatten beide

Seiten mehr Feuer und Kampfgeist entwickelt. Sie waren müde geworden, hatten eigentlich schon resigniert. Was getan werden mußte, wurde getan, doch ohne Begeisterung. Was sollte das alles? Wenn es so weiterging, würden sie alle hier alt und grau werden, wenn sie nicht umkamen, die Franzosen, Engländer und Amerikaner so gut wie die Deutschen.

Rockwell überlegte gerade, daß jetzt wohl die gefährlichste Strecke überwunden sei, da stiegen plötzlich von drüben Leuchtraketen auf. Weiß und hell schwebten sie unter dem Sternenhimmel. Und dann hörten sie auch das Brummen eines Dreideckers. Er war es! Dieser tollkühne Bursche, der ihre Stellungen immer wieder mit MG-Feuer eindeckte. Ein Irrer, der bisher stets hatte entkommen können. Sie warfen sich hin. Rockwell ließ den Bären los, der weiterrannte.

Der Jagdflieger ging im Tiefflug über die Gräben und getarnten Geschütze hinweg. Sein Bord-MG bellte. Erde spritzte und überschüttete die beiden Männer, die sich an den Boden preßten, die Gesichter nach unten. Es war immer noch feucht hier. Sie hatten Angst und Hoffnung. Dann war es vorüber, und Powell schrie: »Der Bär!«

Sie wetzten los, Rockwell lockte: »Teddy!«

Und dann sahen sie ihn.

Er stand über etwas gebeugt, drückte es mit einer Pfote auf den Boden und mampfte. Ein Kaninchen! Ein offenbar geschwächtes oder verletztes Tier. Rockwell versuchte es ihm wegzunehmen, aber er wehrte sich energisch.

Nun, auch Rockwell und Powell hatten schon Kaninchen gegessen. Sie waren schließlich eine Delikatesse – in Weißwein oder in Sahnesauce. Aber so roh? Die beiden abgebrühten Kämpfer mußten schlucken. Und ihnen wurde zur gleichen Zeit klar, daß der niedlichste Petz ein Tier war. Ein Raubtier, kein Spielzeug und kein kleiner Mensch. Bestimmt nicht!

William Rockwell ergriff die schleifende Leine. »Teddy, du bist ein Schwein«, faßte er seine Meinung zusammen.

»Er ist kein Plüschtier fürs Kinderzimmer«, sagte Powell. »In dieser Hinsicht hat Shenessy sogar recht. Und wir sollten es auch nie vergessen.«

Noch ging ihr Herzschlag wie ein Dampfhammer. Wirklich gelassen wurde man nie in Gefahrensituationen wie der vorhin. Doch nun strömte das Blut wieder voll und heftig durch die Adern. Sie lebten. Ein Glücksgefühl ergriff sie inmitten der Misere. Der Flieger hatte abgedreht. Grinsend erschienen sie im Regimentsgefechtsstand, den Teddy an der Leine. Er war schon etwas unwirsch. Dieses Herumzotteln hatte er eigentlich gründlich satt. Schließlich hatte er sich lange genug allein durchschlagen müssen.

Oberst Jack Perkins ließ den kleinen Trupp sofort vor. Sein Adjutant Clark hatte ihm bereits ausführlich berichtet, nun war er gespannt.

»Stehen Sie bequem, meine Herren«, sagte er leutselig und legte so zugleich die private Note der ganzen Angelegenheit fest. John Clark hielt sich steif etwas im Hintergrund. Er hatte mit diesem Petz einfach nichts im Sinn. Aber auf einen Wink seines Vorgesetzten trat er dann doch mit ausgestrecktem Arm einen Schritt vor und warf einige Datteln in Richtung Bär.

Der guckte sich die komischen, wunderbar duftenden Würmer an und kostete, und dann wiegte er den Kopf und gab ein winziges Brummen von sich. So wie der geborene Feinschmecker eines Tages Kaviar oder Trüffeln entdeckt, so hatte er soeben die kulinarische Entdeckung seines jungen Lebens gemacht. Datteln! Hmmmm! Köstlich! Er blickte den Obersten geradezu treuherzig an. Kaninchen und nun dieses köstliche Zeug als Nachtisch, gar nicht übel.

»Clark, da haben Sie mir aber einen Bären aufgebunden! Dieses Tierchen ist doch niemals so groß wie eine Riesendogge«, sagte Perkins. Clark guckte etwas geniert. Tatsächlich, jetzt sah der Petz kleiner aus. Viel kleiner. Sogar kleiner als ein Schäferhund, wenn man ehrlich war. »Bei Tageslicht sah er größer aus«, behauptete er.

Powell lachte schallend. Am liebsten hätte Clark ihn zum Teufel geschickt, zumal der Bär nun an der Leine zerrte, und zwar eindeutig in seine Richtung, denn wo die ersten Datteln hergekommen waren, da mußten wohl noch mehr sein.

»Ganz entzückend«, stellte »Luckie« Perkins fest. »Ein Männchen?«

»Fraglos, Herr Oberst«, bestätigte Powell.

»Das ideale Maskottchen für das 159. Infanterieregiment«, ergänzte Perkins. »Wissen Sie was, lieber Rockwell? Wir behalten ihn hier. Wie Sie selber sehen, haben das Tier und unser tüchtiger Kamerad Clark eine tiefe Zuneigung füreinander entwickelt. Gucken Sie doch nur, wie das Tierchen zu ihm hinstrebt!« Mit dieser Bemerkung rächte Perkins sich zugleich ein wenig für all die Aufsässigkeiten und versteckten Insubordinationen, denen er – wie jeder Vorgesetzte – durch seinen dienstlichen Schatten ausgesetzt gewesen war.

»Wir könnten ihn doch in Pflege nehmen bei der dritten Kompanie«, schlug William Rockwell vor, und er fühlte ein ziehendes Bedauern bei der Vorstellung, ihm würde sein kleiner Bär weggenommen.

»Woher mag er nur kommen?« sinnierte Perkins.

Clark straffte sich. »Wie ich zufällig bei einem Telefonat mit dem Armeeverpflegungslager erfuhr, haben englische Truppen vor Arras im Park einer Villa einen zerstörten und leeren Privatzoo entdeckt. Der Besitzer soll ihn schon 1912 eingerichtet und vor einiger Zeit verlassen haben.«

»Sieh da«, sagte Perkins. »Wir müssen die Lage und – äh – die Besitzverhältnisse klären. Der Bär bleibt erst einmal hier. Unter Clarks Obhut. Sie bekommen natürlich einen Mann zur Unterstützung«, setzte er boshaft hinzu.

»Jawohl, Sir«, bellte Clark.

»Tut mir leid, aber Sie kriegen ihn vielleicht wieder«, wandte sich Perkins noch einmal an die »Finder« des Bären. »Spätestens, wenn Sie zurückgezogen werden aus der vordersten Linie. Und das wird, ich kann es Ihnen verraten, schon bald sein.«

Powell und Rockwell nahmen Haltung an, und Rockwell streckte Clark das Ende der Leine hin. Während der sie mit steifem Arm ergriff, kauerte William sich nieder zu seinem braunen, schmutzigen, wuscheligen, geliebten Bären und umarmte ihn.

Sie gingen. Draußen steckte Powell sich eine Zigarette an.

Rockwell schüttelte den Kopf und murmelte: »Er hat keinen guten Charakter.«

»Unser Bär?«

»Nö. Luckie, ich meine, der Oberst.«

»Na, na, William.« Sie sahen sich an und grinsten traurig. »Jedenfalls kommen wir bald in die Etappe. Wurde aber auch mal Zeit.«

»Die berühmte Koppelung: gute und schlechte Nachricht.«

Drinnen entschied Luckie gerade: »Er kann in die kleine Baracke gebracht werden, in der wir die Spritreserven hatten. Ich werde einen Mann beordern.«

»Das mache ich schon selber«, sagte Clark trotzig. Er öffnete die Tür und zog seinen bockenden Gefährten hinter sich her. Die Datteln waren auch alle, verdammt!

Vielleicht hätten sie wirklich etwas bewirken können. So aber regte sich in dem kleinen Bären eine helle Verzweiflung, ein Urtrieb zu einem Wesen, das zu ihm gehörte, ihn beschützte und liebte. Das hatte er doch gerade gefunden gehabt! Jetzt war es weg! Wo war es denn bloß?!

Der Bär riß an der Leine, und sie gab nach. Sofort setzte er sich in Trab, schnüffelte, rannte, ließ sich leiten von einem

Kompaß tief in seinem Wesen.

Powell stand an einen Erdwall gelehnt und rauchte.

William Rockwell sah zum Himmel auf und senkte den Blick wieder. »Ich hab' eine Erscheinung«, konnte er gerade noch sagen, da hatte der Bär ihn schon erreicht, und sie stürzten aufeinander zu, und der Kleine mit der dicken Bärenhaut, der keine Ahnung davon hatte, wie dünn und empfindlich eine Menschenhaut ist, wo doch Menschen so kräftig und groß waren, der wuschelige Winzling haute William freundschaftlich auf die Schulter und dann noch einmal gegen die Wange, und während die Uniform den Schlag abfing, tropfte vom Gesicht sofort das Blut.

Powell gab Rockwell sein Taschentuch.

Dieser nahm erst einmal seinen Schulterriemen ab und fertigte in aller Eile eine neue Leine an. »Kluges Tier«, stellte er fest. Er strahlte wie zehn Leuchtraketen.

»Ein intelligenter Bursche«, lobte Powell.

»Wir dürfen nur keinem verraten, daß er wieder bei uns ist«, ergänzte Rockwell pfiffig.

So kam es, daß die drei, die da zu später Stunde gestartet waren, zu sehr früher Stunde wieder angetappt kamen. Die Nacht war ruhig und klar. Sie waren fast glücklich. Und Adjutant Clark hatte inzwischen seinen Rüffel weg.

Am frühen Morgen rief Clark an, um sich nach dem Bären zu erkundigen. Er bekam die lapidare Auskunft, es sei kein Bär da. Ja, war er denn nicht beim Regimentsgefechtsstand abgeliefert worden?! Oh, wie bedauerlich! Ja, auch Leutnant Powell konnte nun gar nichts weiter dazu sagen. Hoffentlich ...

Es machte »klick«. Die Verbindung war mal wieder abgerissen. Oder hatten die von der 3. Kompanie das absichtlich gemacht?

Clark sank auf seinen Holzschemel und dachte, daß sie

ihn soeben garantiert angeschmiert hatten. Am liebsten wäre er gleich aufgebrochen, um sie der Lüge zu überführen. Er war überzeugt, daß sie den Bären bei sich hatten. Und obwohl er ihn eigentlich nicht wollte, ließ er sich doch sehr ungern für dumm verkaufen. Er meldete Perkins seine Überlegungen.

Der grinste. »Woraus schließen Sie das?«

»Bei dem Gespräch hat es im Hintergrund gebrummt, Herr Oberst. Deutlich!«

»Das wird ein Spaßvogel gewesen sein. Wissen Sie, wir haben Krieg, lieber Clark. Denken Sie bitte daran auch ein bißchen. Es gibt Wichtigeres als entlaufene Bären und gekränkte Adjutanten! Wenn der Bär wieder bei der dritten Kompanie ist, dann bleibt er jetzt auch da. Wir machen uns nicht lächerlich. Klar?«

»Shit!« sagte Clark.

Perkins ließ es ihm ausnahmsweise durchgehen. Er nahm sich aber vor, das Ganze später in seinem Club zu erzählen. Auch seine Frau würde darüber lachen. Eine herrliche Geschichte! Und sie war noch nicht zu Ende.

Irgendwann mußte die 3. Kompanie natürlich die Katze oder, in diesem Fall, besser: den Bären, aus dem Sack lassen. Daraufhin ergoß sich die Gnadensonne des Obersten vollends über sie. Er sei ihnen gerade wieder zugelaufen?! Na wunderbar! Jetzt werde also zum offiziellen Bärenführer laut Regimentsbeschluß der Gefreite Rockwell ernannt. Ihm zugeordnet als »Berater« werde ferner der Soldat Webbs. Laut Akte sei er nämlich Zoologe. Er müsse folglich etwas von Bären verstehen.

In der Tat: Der nette, unauffällige Mann in mittleren Jahren bestätigte, daß er gelernter Tierpfleger gewesen sei, bevor er sich zur Armee gemeldet habe. Niemand fragte, warum er's getan hatte. Das war wie bei der Fremdenlegion. Gefragt wurde so wenig wie möglich.

Webbs erschien den Bärenliebhabern aber eher als Spielverderber. Er sagte, das Tier gehöre in einen Zoo. Es sei kein Spielzeug, und bald werde es auch kein Spielgefährte mehr sein. »In einem Jahr macht er Marmelade aus Ihnen«, erklärte er.

Die Männer lachten leichtsinnig. »In einem Jahr! Da hat man uns vielleicht längst weggepustet! Oder wir sind schon zu Hause! In einem Jahr! Lieber Himmel! Wer denkt denn so weit voraus?«

»Zoologen denken so weit voraus«, sagte Webbs.

Nur einer stimmte ihm zu: Arthur Shenessy. Der »übersinnliche« Spinner.

So wurde eigens im Unterstand für den Bären von St. Jules eine »Nische« angelegt, in der er schlafen konnte. Rockwell stellte fest, daß das Tier sich gern mit der Bürste striegeln ließ. Wahrscheinlich gab ihm das ein heimeliges Gefühl. Webbs sagte, es erinnere ihn an seine Mutter. Die Männer bauten dem Bären eine Art Zwinger, der komfortabler war als ihre eigene Unterkunft. Rockwell träumte bereits davon, ihm später am Huronensee ein riesiges Freigelände mit eigenem Fischteich einzurichten. Doch vorerst war der Bär Allgemeinbesitz: das Maskottchen der 2573 Männer des gesamten 159. Infanterieregiments von Ontario!

Was war Zeit? Nur die Geduld, einen Tag nach dem anderen durchzustehen, und die Hoffnung auf etwas, das eigentlich keiner mehr klar zu umreißen vermochte und das Frieden hieß. Viele Monate dauerte es noch, bis die 3. Kompanie in die Reservestellungen zurückgenommen wurde. Und es waren längst nicht mehr alle Männer, die aufgebrochen waren. Höchste Zeit, den Rest ein wenig aufzupäppeln und die gelichteten Reihen nach Kräften aufzufüllen für den nächsten Einsatz.

Inzwischen war das offizielle Maskottchen des 159. Regiments bereits zu einer Art Legende herangereift. Der Bär war nun entschieden gewachsen und glich zweifellos in der Größe den Vorstellungen, die Adjutant Clark anfangs von ihm gewonnen hatte. Er war ein rechtes »Frontschwein« geworden: unbekümmert um kleinere Knallereien, vorsichtig, ohne ängstlich zu sein, und äußerst ruppig in seinen Umgangsformen, obwohl er auch sehr gefühlvoll war, besonders gegenüber seinem Betreuer William Rockwell, der sich große Mühe mit ihm gab.

Winter 1917/18! Alles, was über Jahre angelegt gewesen war, trieb nun seinem Höhepunkt zu. Die Deutschen hungerten entsetzlich. Die Franzosen und Engländer hatten ihnen mit Erfolg die Nachschublinien gekappt. Der ewige Stillstand der Front schadete auch der Moral der Truppen, und das galt hüben wir drüben. Eine Erschlaffung drückte die Stimmung. Resignation machte sich breit. Haß war nicht mehr aufrecht zu erhalten, wenn er denn überhaupt je in starkem Maße vorhanden gewesen war. Disziplin verwässerte in der allgegenwärtigen, gemeinsamen Gefahr. Die Soldaten hatten die Schnauze voll.

Die »Siegfriedlinie« war zum Symbol geworden für Stagnation. Es gab nicht mehr den Schwung forsch vorangetragener Angriffe. Nur noch dies: Kleinkrieg. Tödlichen, bitteren Kleinkrieg.

William Rockwell war in allergedrücktester Verfassung. Seine Jenny hatte über einen Monat lang nicht geschrieben. Oder war die Post nur verloren gegangen? Er wagte nicht mehr, das anzunehmen. Seine Phantasie gaukelte ihm ein entsetzliches Bild vor. Nachts schreckte er hoch und meinte es direkt vor sich zu sehen: Jenny in einem beleuchteten Zimmer sitzend, der Lampenschein fiel auf ihr Kastanienhaar und vergoldete es so märchenhaft, wie er's oft gesehen hatte in glücklichen Zeiten. Sie machte eine Handarbeit, häkelte Spitzen; ja, das hatte sie oft gemacht. Lucille, in Williams

Vorstellung noch ein Baby, spielte ihr zu Füßen. Jim schmökerte in einem Abenteuerbuch. Und wer saß da, in Filzpantoffeln, Pfeife in Brand, und las mit satter Stimme aus der Zeitung vor? Dobbs!

Hier, an dieser Stelle spätestens, krümmte Williams sich zusammen. Sein Magen tat weh. Auch das Herz schmerzte. Ja, die Gewißheit erfüllte ihn ganz, daß ein anderer seinen Platz eingenommen hatte. Jenny konnte sich nicht verstellen. Ihre Briefe flossen ja über vor Begeisterung über den Schleicher, der sie ausnutzte und Schlimmeres. Auch Jim gebrauchte so niederschmetternde Wendungen wie: »Mr. Dobbs hat uns zwei Drachen gebaut. Meiner fliegt noch nicht. Wir müssen den Schwanz verlängern. Aber der von Lucille ist neulich ganz, ganz oben angekommen. Wir haben den Engeln eine Botschaft hochgeschickt. Daß du heil wiederkommst, lieber Dad.«

William hatte geweint. Warum nicht? Jeder weinte hier einmal. Heimlich oder offen, was konnte man hier noch an Gesicht verlieren?

William hatte um Urlaub nachgesucht. Das taten alle. Aber das Vaterland konnte zur Zeit niemanden entbehren. Also hieß es weiterhin: Zähne zusammenbeißen, Witze reißen, sich drüber wegmogeln. Jedenfalls tagsüber.

Der Bär von St. Jules hatte sich im Herbst den Wanst tüchtig vollgeschlagen. Nun lag er ausdauernd in seiner Schlafnische und döste vor sich hin oder schlief fest. Er folgte dem Gesetz seiner Natur. Er vollzog den Rhythmus der Jahreszeiten mit.

Webbs erklärte den Männern, der Bär sei nicht etwa krank, sondern er halte seine Winterruhe. »Im Frühling wird er wieder munter, und da er dann eineinviertel Jahr alt sein wird, lehrt er uns eventuell das Fürchten«, grinste Webbs. »Ich für meine Person habe gleich gewarnt. Aber ich muß zugeben, daß ich mich inzwischen auch schon an den Burschen gewöhnt habe. Er bringt so eine menschliche Atmosphäre in diesen tierischen Laden, nicht?«

Die Männer stimmten lachend zu. Bis auf Arthur Shenessy, der sich keineswegs an den Bären gewöhnt hatte.

Es wäre übertrieben zu sagen, daß der Bär den Winter einfach verschlafen hätte. Nein, er machte schon einmal einen kleinen Spaziergang an der Leine und verrichtete auch sein Bärengeschäft. Aber sein Temperament war gebremst. Alle Funktionen liefen auf Sparflamme ab – bis auf das Wachstum.

Denn wachsen tat er! Als der Frühling wirklich kam und der Bär von St. Jules voller Tatendrang brummte und sich wiegte und an der Kette, die man ihm inzwischen verpaßt hatte, zog, da riefen die Soldaten ein übers andere Mal das, was Tanten und Onkel Kindern, die sie längere Zeit nicht gesehen haben, zuzurufen pflegen: »Nein, bist du aber groß geworden!«

Von Anfang an hatten sie ihm mehr als Tierliebe entgegengebracht. Auch mehr als das leicht erhebende Gefühl, ein ausgefallenes Maskottchen zu haben. Dieser Bär brachte ihnen durch seine pure Anwesenheit wirklich die abergläubische Gewißheit, daß alles gut gehen werde. Er war ein Glücksbringer, ein Maskottchen im wirklichen Sinne des Wortes. Und wenn es den einen und den anderen doch traf, wenn er in der fremden Erde begraben wurde und sie seine Habseligkeiten an die Frau, die Kinder, die Mutter schickten, der Liebsten seinen angefangenen Brief sandten, dann glaubten sie trotzdem, daß alles gut werden müsse.

Der Bär von St. Jules tat sein Möglichstes, für Ablenkung zu sorgen. Er hatte Kraft entwickelt, die er gutwillig, aber oft täppisch hart einsetzte. Er stieß gestandene Männer glatt um, und wenn ihm jemand einen guten Happen zugedacht hatte, tat er besser daran, den aus einiger Entfernung zu servieren. Der junge Bär biß manchmal leider zu. Ein Finger wäre kein Problem für ihn gewesen. Wo hätte er auch üben sollen, so ohne echte Bärenkinderstube, ohne die Mutter, die ihm mal eins übergezogen hätte, ohne Geschwister, die ihn in seine Grenzen hätten verweisen können? Zu Rockwell war er lieb. Vor Webbs, dem geübten Tierpfleger, sah er sich vor. Er war eine Institution auf dem ganzen Abschnitt. Nach jeder etwas heißeren Unternehmung riefen denn auch die anderen Kompanien bei der 3. an. »Lebt er?«

»Jawohl, er lebt!«

Je nach Temperament schrien die Kameraden: »Hurra!« oder: »Halleluja!«

Deutsche Gefangene hatten verraten, daß sogar drüben Interesse am Bären bestand.

Der Schneider des 2. Bataillons der Kanadier schickte eine Art »Ausgehuniform«, doch schon bei der ersten »Anprobe« mußten die Männer den Versuch aufgeben, ihr Maskottchen in eine schmucke Uniform zu stecken. Der Bär benahm sich ausgesprochen affig, riß einen Riemen ab und tat nachher schnell so, als sei das Ganze ein lustiges Spiel zwischen ihm und Rockwell gewesen. Webbs bemerkte nur einmal mehr, das Tier gehöre in die Obhut eines Zoos. Shenessy aber schüttelte den Kopf und beschloß, etwas zu unternehmen. Es war doch wirklich unwürdig, wie gestandene Männer, die Tod und Teufel trotzten, sich hier von einem Bärenflegel kujonieren ließen!

Ohne mich! dachte Arthur Shenessy. Ich werde nicht mehr reden, sondern handeln. Eines Tages könnten sie mir sogar dankbar sein, denn der Augenblick ist nicht mehr weit, daß dieser braune Geselle hier ein Blutbad anrichtet. Außerdem, und das ist gewiß nicht unwichtig, frißt er uns die letzten Lebensmittel weg. Wir hungern, und der Bär frißt sich die Hucke voll. Wo hat man das jemals gehört, daß Menschen einem Tier zuliebe hungern?

In der Tat: Die Verpflegung war knapp. Sehr knapp. Die

Deutschen hatten versucht, den Spieß umzudrehen, zumindest Revanche zu nehmen. Auch die Franzosen und die Engländer hatten schließlich diese Adern, die man verschließen und abklemmen konnte. Ohne Nachschub waren sie aufgeschmissen. So blieben allmählich die edlen Güter aus. Schmalhans wurde Küchenmeister. Eine Tagesration mußte auf zwei Tage gestreckt werden. Warme Verpflegung gab es nur noch an besonderen Tagen, wenn die Essenholer den Sperrgürtel der feindlichen Artillerie durchbrachen. Die eisernen Bestände des Regiments schmolzen nur so dahin. Ein deutscher Zufallstreffer stampfte ein Reservelager in den Boden. Oberst Perkins' Stirn umwölkte sich zusehends. Die Lage wurde kritisch.

Der Bär versuchte, seinem geliebten Leitmenschen auf bewährte Art etwas abzuschmusen. Er guckte ihn fragend an, wackelte mit den Ohren, so ein bißchen, und richtete sich auf den Hinterbeinen auf. Dieses Kunststück, das er gern und oft vorführte, brachte an sich immer eine Belohnung ein. Aber jetzt mußte Rockwell häufig den Kopf schütteln.

Das Marmeladen- und Konfitüreschlecken hatte sowieso ganz aufgehört. Von Trockenfrüchten – Datteln und Feigen – konnte keine Rede und kein Brummen mehr sein. Weißbrot war Mangelware. Cornedbeef war streng rationiert.

Webbs meinte, ein Bär sei in erster Linie Pflanzenfresser, jedenfalls für gemischte Kost eingerichtet. In Gefangenschaft brauche er kein oder jedenfalls nur wenig Fleisch. »Er wird zu übermütig. Irgendwann wird er von einer Bärin träumen. Dann ist der Ofen aus«, warnte er.

»Er kennt doch gar keine«, konterte William.

»Er hat sie im Blut«, behauptete Webbs.

»Und ... Ich meine, ab wann?«

»Mit vier Jahren wird er nicht mehr träumen, sondern handeln.«

»Bis dahin ist es noch lang.«

»Das hast du vor neun Monaten auch gesagt, William.«

»Die Deutschen schieben Kohldampf.«

»Wir auch.«

William Rockwell nickte. »Da hast du leider recht. Oberst Perkins hat sich aber an das Armeekommando gewandt und um ›flüssigen‹ Nachschub ersucht.«

»Bist du so naiv – oder tust du nur so? Wo nichts ist, da kann nichts sein.«

»Ich träume manchmal von weißen, duftenden Pfannkuchen, ganz frisch aus der Pfanne, in Butter gebraten, und dann Ahornsirup drüber, der sanft und hell vom Löffel rinnt...«

»Du bist beinahe ein Dichter, Junge!«

»Ein hungriger Dichter, Mann!«

Auch Arthur Shenessy hatte Hunger. Und eine Stinkwut auf den »verfressenen« Bären. So opferte er am späten Abend, als Rockwell Wache hatte und der Bär in seiner Nische angebunden döste, eine Stulle mit Cornedbeef.

Shenessy atmete tief durch. Er war allein mit dem Bären. Sein Herz klopfte wild, als er den Leckerbissen neben die Schnauze des Tieres warf.

Der Bär atmete noch zweimal tief durch, dann hatte der Duft sein Gehirn erreicht. Er öffnete die Augen, und da lag es. Den Augenblick, als der Bär den Kopf zu dem Brot hinwandte, nutzte Shenessy: Er löste die Kette, dann verschwand er und ließ das Gatter weit offen, plazierte vorsichtshalber neben dem Eingang noch ein Stückchen Cornedbeef und lief davon, wobei er sich selber nicht klar darüber war, ob er sich mehr vor dem Bären fürchtete oder vor den Kameraden. Wahrscheinlich vor letzteren. Sie hätten ihn gelyncht oder jedenfalls verdroschen.

Niemand schöpfte jedoch Verdacht. Alle meinten, Rockwell habe den Bären vielleicht nicht richtig festgemacht, und dies nun gewiß nicht mit Absicht.

So gab es im Abschnitt der 3. Kompanie nächtlichen Alarm! Der Bär von St. Jules war verschwunden!

Rockwell stand stramm und bat Powell, der inzwischen zum Oberleutnant befördert worden war, gehorsamst, am Suchtrupp teilnehmen zu dürfen.

Powell war sauer, und außerdem kannte er seine Männer. Moralisch wäre es ein Schlag, wenn das Tier nicht wieder eingefangen wurde. Ratten verließen das sinkende Schiff. Wer wußte, was die Flucht des Bären bedeutete?

Er sandte sternförmig Streifen aus und schwankte zwischen der Pflicht, die Flucht des Regimentsmaskottchens auch höheren Ortes zu melden, und der Hoffnung, den Bären zu finden. Vielleicht kam er sogar von selber wieder?

Mehrere Freiwillige, darunter natürlich Rockwell und Webbs, krochen und robbten durch die Dunkelheit und lauschten angestrengt auf wohlbekannte Laute. Brummte es dort nicht?

Nein, das war Einbildung gewesen.

Sie fanden ihn nicht. Und so mußten sie Farbe bekennen. Rockwell fühlte sich ganz zerschlagen, müde, schuldbewußt, tieftraurig. Das Verschwinden »seines« Bären erschien ihm wie ein Symbol des verlorenen Glücks.

Sogar Shenessy war betroffen über die Verstörtheit, die durch das Verschwinden eines Tieres ausgelöst worden war.

Um das Maß vollzumachen, erschien just am Tage nach dem Verschwinden ihres Maskottchens Adjutant Clark, um ihnen persönlich die erfreuliche Botschaft zu bringen, die 3. Kompanie werde übermorgen allen Ernstes in die Etappe zurückgezogen. Welch einen Freudentaumel hätte diese Nachricht ausgelöst, normalerweise! Doch nun war es eben nicht normal. Der Bär war weg! Und Clark versäumte nicht, ein paar spitze Bemerkungen anzubringen, die in der Bemerkung gipfelten, einen Bären mit Unmengen von Süßigkeiten zu halten sei eben keine Kunst. »Das ist wie in der Liebe«, erklärte er höhnisch, »da erweist sich die Qualität eines Liebhabers auch erst wirklich, wenn er nichts als sich selbst zu bieten hat.«

»Aber manche Liebhaber sind nicht einmal mit Scheckbuch und Bargeld erfolgreich oder, in diesem Falle, mit Datteln«, konterte Powell. »Wie Sie, Kamerad.«

Webbs versuchte, das Ziel des Bären mehr vom wissenschaftlichen Standpunkt aus anzupeilen. Er hatte fraglos Hunger gelitten, wie sie alle. Doch mußte ein Bär nach der Winterruhe davon besonders stark betroffen sein. Folglich würde er versuchen, Futter zu finden. Aber wo? Wo, um des Himmels willen, war denn hier in der engeren oder weiteren Umgebung noch Eßbares aufzutreiben? Nicht einmal die Ratten waren geblieben.

Und dann geschah das zweite Bärenwunder!

Rockwell und Webbs waren mit Powells Erlaubnis noch einmal aufgebrochen, nach rechts, woher der Bär schließlich einmal gekommen war. Wenn jemand sie gefragt hätte, warum sie sich auf so ein Himmelfahrtskommando begaben, nur, um eventuell einen gefräßigen Bären wieder einzufangen, so hätten sie keine Antwort gewußt. In William jedoch saß fest und riesengroß die Vorstellung, die schon fast eine Gewißheit war: Mit dem Bären hing sein persönliches Glück zusammen. Und Webbs? Nun, ihm tat William leid. Und er hatte ein schlechtes Gewissen, weil er dauernd etwas von »Zoo« gefaselt hatte. Und: Der Bär fehlte auch ihm einfach. Ja, so simpel war das.

Sie robbten über den staubtrockenen Boden. Die Sonne schien und wärmte bereits. Der Himmel war blau gewesen, als sie aufbrachen. Nun preßten sie sich an die faulige Erde, und für einige Zeit gab es keinen Himmel mehr für sie.

Der Bär war zögernd aufgebrochen. Er war nun frei, doch war er ja in Gefangenschaft geboren und an menschliche Gesellschaft gewöhnt. Langsam lief er durch die Nacht, ein dunkler Schatten, getarnt durch sein braunes Fell, auf gedämpftem Sohlenpolster. Er war verstört und unsicher, aber allmählich brachte dieses leichte Traben ein nur oberflächlich vergessenes Gefühl von Freiheit und Ungebundenheit in ihm nach oben.

Instinktiv mied er freie Strecken. Er hielt sich an Senken und Erdwälle. Dann knallte es plötzlich, etwas zerbarst, und er rannte in Panik weiter. Es hatte ihn angetippt! Nicht weh getan, aber angetippt! Erde war hochgespritzt. Seine Augen brannten.

Dann erblickte er etwas, das ihm vertraut erschien. Sofort steuerte er entschlossen darauf zu. In seinen Eingeweiden wühlte der Hunger. Dies Etwas sah so aus wie andere Plätze, an denen er irgendwann, in seiner frühesten Kindheit, Nahrung gefunden hatte.

Es war ein verlassener, zerstörter Bauernhof. Nur noch Mauerreste und verkohlte Balken waren übriggeblieben.

Der Bär brummte dumpf und schnüffelte.

Ja, da war eine vage Witterung. Etwas Verheißungsvolles. Er folgte seiner empfindlichen Nase. Hier war es! Ein Geruch, der einen Bären wahnsinnig machen konnte. Eine unwahrscheinliche Mixtur von appetitlichsten Wohlgerüchen.

Doch vor seiner Schnauze, zwischen Mauern und Resten von Dielenbrettern, war weiter nichts als Sand und die Trümmer von Eichenmöbeln und ein paar Stoffetzen. Es war nicht ganz dunkel. Trotzdem gab es nichts zu sehen, das anzusehen sich gelohnt hätte. Dieser Duft jedoch ... Dieser Duft!

Irgend etwas rann ihm ins rechte Auge. Unwillig wischte er mit der Tatze darüber. Er brummte beunruhigt. Fast klang es wie ein Stöhnen. Diese klebrige Feuchtigkeit an seiner Tatze und dazu dieser Geruch lösten urplötzlich Wildheit in ihm aus.

Wie wahnsinnig begann er zu buddeln und seine Schnauze in die Erde zu wühlen. Dann lag die Öffnung frei. Eine Treppe führte abwärts.

Der Bär kauerte sich davor. Er zögerte lange. Er fürchtete sich. Sein Instinkt meldete: mögliche Falle!

Doch was so unendlich hinreißend duftete, konnte eigentlich nichts Schlechtes sein. Nicht in der Weltanschauung eines Bären. So erhob er sich schließlich anmutig und glitt die Stufen hiunter. Direkt hinein ins Paradies.

Da lagerte eine verwirrende Fülle von Sachen. Der Bär war auf ein von einer französischen Kompanie vor Jahren aufgegebenes Verpflegungslager gestoßen. Verlassen, vergessen, verschüttet. Das passierte oft im Krieg. Er war kein Planspiel mehr, mit Fähnchen auf der Karte und erstklassigen Verständigungsmöglichkeiten. In der Praxis bedeutete er auch Durchwursteln, Flucht und Rettung. Jeder war sich selbst der Nächste. Jede Truppe dachte erst einmal an ihr eigenes Überleben.

Der Bär kümmerte sich nicht um die Säcke mit Mehl und die Kaffeebohnen, auch nicht um Wein und Cognac. Er zerriß mit einem Tatzenhieb einen Sack mit Mais und knautschte los, stöberte in einem Faß mit ranziger Butter, schlug sich zu hart geräucherten Würsten durch und entdeckte dann den Leitduft, das Beste: Säcke mit Dörrobst aus den französischen Kolonien.

Feigen, Datteln! Absoluter Bärenhimmel.

Er fraß und rollte sich auf einem Stapel Armeedecken zusammen. Mit der Pfote strich er sanft über die Stelle an der Stirn, die jetzt ein wenig schmerzte. Er konnte sie nicht mit der Zunge erreichen, das war unmöglich. Aber es kam nun nichts Nasses mehr heraus. Er war satt und müde. Eine Spur zu voll vielleicht, doch nicht überfressen. Ein Bär überfraß sich nie. Er wußte, wann er genug hatte. Oder jedenfalls ein bißchen mehr als genug.

Der Bär schlief ein und ahnte natürlich nichts von der Aufregung, die er ausgelöst hatte.

Als er morgens erwachte, war er noch satt. Er fühlte sich kräftig, geradezu köstlich. Drei Gefühle erfüllten ihn und plusterten sich auf, bis er sich ungeduldig erhob von seinem extraweichen Lager. Drei Gefühle: Leitmensch! Höhle! Beute!

Er nahm den kleinen Dattelsack zwischen die Zähne und zottelte damit zur Treppe, schleppte ihn, rückwärts gehend, die Stufen hinauf, verließ den Bauernhof und machte sich auf, seinen Leitmenschen zu suchen und seine Nische in seinem Gatter, wo er schließlich wohnte und wo es ihm gut ging.

Rockwell und Webbs waren entmutigt wieder umgekehrt. Sie warteten und wußten nicht, worauf. Mehrere Anrufe kamen, in denen aufgeregte Soldaten behaupteten, sie hätten den Bären gesehen. Oder jedenfalls habe sich etwas Braunes bewegt. Nun, nicht direkt braun, doch unzweifelhaft habe sich etwas bewegt. Ein Brummen sei da gewesen. Oder so etwas Ähnliches.

Sie meinten es gut. Der Wunsch war der Vater ihrer Visionen.

Dann kam ein Anruf, und der lautete ganz konkret: »Der Bär ist hier! Wir haben ihn deutlich gesehen! Er trug etwas in der Schnauze und hat bei einsetzendem Beschuß durch den Gegner offenbar eine Deckung aufgesucht.«

Rockwell war elektrisiert. Er ließ sich den genauen Standort durchsagen. »Hank«, rief er Webbs zu, »er ist da!«

Aber hier zeigten sich die Unterschiede im Charakter der Freunde. Webbs war entmutigt, Rockwell angefeuert von neuer Hoffnung. Webbs hielt den Anruf für eine Irreführung wie die anderen auch, möglicherweise sogar von einem Spaßvogel absichtlich ersonnen. Er war völlig erschöpft. Die ersten Anzeichen der ruhrartigen Erkrankung, die vom Hunger und der fettlosen Ernährung herrührte, hatten sich bei ihm gezeigt: aufgedunsener Bauch, Schmerzen, Durchfall, Schwäche, Schüttelfrost, Hoffnungslosigkeit.

Rockwells Konstitution war etwas besser. Außerdem beflügelte ihn die Hoffnung neu. Die Wiedererlangung »seines« Bären erschien ihm lebensnotwendig. Nicht nur er, sondern auch die Kameraden fühlten sich gestärkt durch die Anwesenheit der unschuldigen Kreatur. »Die Sache stimmt. Ich weiß es«, sagte er eigensinnig. »Diesmal stimmt die Nachricht!«

Webbs schüttelte den Kopf.

Aber Powell, der kleine Draufgänger, dachte genau wie Rockwell. »Wir haben ihn einmal gefunden. Wir finden ihn ein zweites Mal«, sagte er mit sehr heller, schneidiger Stimme. Und er reckte sich um einige Zentimeter.

Also brachen der Oberleutnant Dick Powell und der Gefreite William Rockwell einträchtig auf, ihren Bären heimzuholen.

Sie schlugen sich vorsichtig durch zu den rückwärtigen Stellungen. Das Land war weit und unheimlich fremd.

»Hier muß es irgendwo sein«, stellte Powell fest. Er hatte seine handgezeichnete Skizze der Landschaft und der Stellungen dabei.

»Jawohl, Herr Oberleutnant. Aber wo?«

»Da ist der Bauernhof, von dem sie gesprochen haben!« rief Powell.

William kniff die hellen Augen zusammen und richtete sich ein wenig auf. Er sah sehr germanisch aus, blond, breitschultrig, blonde Bartstoppeln, braunrote Haut. Er glich in diesem Augenblick verblüffend einem Westernhelden, einem Trapper, einem der Männer, die Kanada in Besitz genommen hatten. »Und da ist der Bär von St. Jules, Herr Oberleutnant«, sagte er ruhig. Er hatte es ja gewußt!

Powell guckte in die Richtung. »Das gibt's nicht!« flüsterte er. Wahrhaftig: Ihr Bär schlängelte sich durch das Gelände. Aber rückwärts! Er zog mit den Zähnen erbittert etwas hinter sich her. Als seine beiden menschlichen Freunde sich ihm näherten, ließ er den Sack im Stich und wetzte los. Nicht etwa auf sie zu, sondern von ihnen fort.

»Bär«, rief Rockwell, »ich bin's, Herrchen!«

War es schlechtes Gewissen? Der süße Geschmack der Freiheit? Angst vor Strafe? Der Bär lief los, die Männer hinterher.

Als sie am Sack vorbeikamen, nahm Rockwell ihn auf. »Ich werd' verrückt«, sagte er, als er hineingeguckt hatte.

»Wo hat er die denn her, um Gottes willen?!« murmelte Powell.

Der Bär lief zum Bauernhof zurück. Den Weg kannte er. Aber hinter ihm erklangen nun die vertrauten Stimmen. Er war ziemlich ratlos. In dem zerstörten Haus setzte er sich, mit dem Rücken zu einem Mauerrest, auf die Hinterbeine. Notfalls würde er kämpfen. Man mußte abwarten!

Aber nun näherten sich seine beiden bekannten Menschen, mit schmeichlerischen Stimmen kamen sie heran. Er brummte ein bißchen unwillig, richtete sich auf, bereit zuzubeißen. Dann war der vertraute Duft in seiner Nase. Kein Fressenduft, sondern Menschenduft. Vertraut. Anheimelnd.

William Rockwell streckte vorsichtig die Hand aus. »Du hast ja was abbekommen, Bär«, sagte er leise und mit ganz, ganz weicher Stimme. »Sie haben geschossen, ja? Dich getroffen, ja? Aber nicht schlimm, oder?«

Der Bär ließ sich anfassen. William zog die Kette aus der Tasche und machte sie am Halsband fest. Der Bär ließ sich wie ein Hündchen an die Leine legen. Powell staunte.

»Ich werde ihm beibringen, einen Stahlhelm zu tragen, Herr Oberleutnant«, sagte William forsch.

Dann lachten beide Tränen vor Erleichterung. Sie hatten ihren Bären wieder!

Die Sensation ließ natürlich nicht lange auf sich warten. Nachdem sie ihr Maskottchen vorsichtig untersucht und festgestellt hatten, daß es sich bei der Verwundung um einen kleinen Splitter eines Schrapnells gehandelt haben mochte und daß offenbar weiter nichts passiert war, sahen sie sich mit der Routine und Aufmerksamkeit erfahrener Frontsoldaten um. Es war leicht, das Verpflegungsdepot zu finden.

Sie standen da wie Moses, als der Dornbusch brannte. Die Rettung! Dies war die Rettung!

»Jetzt weiß ich, woher er seine Datteln hatte«, sagte Powell.

»Weil er so satt ist, war er auch gleich so friedlich«, ergänzte Rockwell.

»Wir müssen Meldung machen«, überlegte Powell.

»Vielleicht können wir aber schon ein, zwei Decken und ein paar Dosen Schweinefleisch mitnehmen, Herr Oberleutnant.«

Mit feuchten Augen sahen sie einander an.

»Menschenskind, William!« sagte Powell. »Zuerst organisieren wir natürlich einen angemessenen Transport zur dritten Kompanie. Dann machen wir Meldung. Schließlich hat unser Bär das Lager entdeckt. Das wäre doch noch schöner!«

»Gute Idee!«

»Hoffentlich kommen wir heil zurück. Wäre doch eine Bosheit des Schicksals, wenn wir im Besitz dieser Erkenntnis nicht durchkommen würden!«

»Das schaffen wir schon.«

Powell zeigte auf den Bären, der sich wie eine Ziege am Strick ziehen ließ. »Und wenn er Schwierigkeiten macht?«

Sie überlegten. Dann war die Entscheidung klar.

Sie machten den Bären an einem Pfeiler fest, warfen ihm Decken hin und nahmen erst einmal selber ein üppiges Mahl ein, versäumten auch nicht, ein Fläschchen Wein zu öffnen, indem sie ihm den Hals abschlugen und das edle Naß durch ein Taschentuch in eine Blechbüchse filterten.

Sie warteten auf die Dämmerung. Dann machten sie sich zu dritt auf den Weg, bepackt und glücklich. Rockwell hatte sich Datteln in die Taschen gesteckt, und wenn der Bär Zicken machen wollte, gab er ihm eine der Früchte.

Die Ankunft im eigenen Unterstand wurde zum Triumph. Die Nachricht verbreitete sich bei der 3. Kompanie wie ein Lauffeuer: Der Bär ist zurück. Er hat ein Lebensmitteldepot entdeckt, das die Franzosen aufgegeben haben. Ein vergessenes, angeblich längst zerstörtes Lebenmitteldepot aus dem Jahr 15 oder 16. Aber mit feinstverpackten Lebensmitteln. Sogar das Brot soll noch schmecken. Sie hatten es in Silberpapier verpackt. Vive la France! Ein Volk von Feinschmekkern!

Nachts wurde ein Teil der Beute in ihre Stellung geschafft. Sie würden die Vorräte möglichst unauffällig mitnehmen, wenn es morgen in die Etappe ging. Alle futterten und tranken. Das Bärenwunder mußte doch gefeiert werden.

Shenessy wurde angeflachst. »Na, da ist dein Liebling ja wieder!« Natürlich wußte niemand, daß er ihn freigelassen hatte. Er selber schwankte zwischen schlechtem Gewissen und dem prickelnden Gefühl, daß sie ganz im Grunde ihm, Arthur Shenessy, Bärenhasser und Autor okkulter Schriften, diesen Verpflegungssegen verdankten.

Er ließ sich von Rockwell ein Päckchen Datteln schenken.

»Als Trost, daß wir wieder einen stinkenden Bären haben«, sagte William zu ihm.

Nachdenklich schob er das klebrige Päckchen in die Tasche.

Hatte der Feind etwas gemerkt? War etwas zu ihm hinübergedrungen von der Ausgelassenheit und Sorglosigkeit der Männer der 3. Kompanie des 159. Infanterieregiments von Ontario? Oder war es bereits beschlossene Sache gewesen?

Gegen Morgen, rund vierzehn Stunden vor der geplanten Ablösung, als Männer der Nachrücker bereits eintrafen, um Gräben zu verbreitern, die Unterstände zu sichten, sich als die neuen Besen aufzuführen, die sie ja noch waren, griffen die Deutschen an. Erbittert. Im großen Stil.

Der Moment war gut gewählt für die Gegner. Verwirrung herrschte, ordnete sich dann doch zur Routine. Alle nahmen ihre Plätze ein, nur der Bär nicht. Er verließ sein Gatter, suchte im Graben Schutz. Da krachte es entsetzlich. Eine Flügelmine hatte einen Volltreffer erzielt.

Shenessy hatte den Bären noch kommen sehen. Er dachte flüchtig an dessen Rachgefühle, aber dann überdeckte die Angst vor dem Beschuß und dem möglichen Angriff der Deutschen alles andere. Es wurde zurückgeballert. Die Artillerie hatte klargemacht und schoß sich ein. Leuchtraketen schwebten am Himmel. Flugzeuge brummten. Menschen schrien, röchelten, beteten. Ein Inferno herrschte am Himmel und auf Erden.

Im Endeffekt blieb alles beim alten. Es hatte viele Tote gegeben. Micklewhite war von einem Schrapnell buchstäblich zerrissen worden. Smith I lebte mit aufgerissener Bauchdecke nur noch wenige Minuten. Sanitäter brachten Schwerverletzte auf Tragen nach hinten. Kameraden verbanden kleinere Wunden.

Wo war Powell? Wo war Shenessy?

Der Bär? Ja, der Bär war im Graben und buddelte wie verrückt in einer Erdaufschüttung, einem Stück eingestürzter Grabenwand.

Rockwell war unverletzt. Er sandte ein Dankgebet zum lieben Gott hinauf. Sein Puls flog noch, das Herz hämmerte wild, aber schon gingen die Überlebenden zur Tagesordnung über.

Was machte der Bär? Warum buddelte er wie verrückt?

»Hierher!« brüllte William Rockwell. Er hatte ein Bein gesehen.

Jetzt kamen die Kameraden. Eine Schaufel wurde im Handumdrehen herbeigebracht, noch eine. Gegraben wurde, ohne Rücksicht auf den aufgebrachten Bären, der sich auch kaum ablenken ließ.

Sie fanden Powell und Shenessy. Beide waren unverletzt. Shenessy war ohnmächtig, Powell schlug fast sofort die Augen auf, nacktes Entsetzen im Blick. Die Rettung war sehr schnell gegangen, dank der Aufmerksamkeit des Bären, der jetzt nicht wegzubringen war von Shenessy. Wieso denn das? Ausgerechnet von Shenessy, der ihn doch gar nicht mochte?

Beim Abtasten fand Rockwell das Geheimnis, doch hütete er sich, etwas davon zu verraten. In Shenessys Tasche steckte das wohlriechende Päckchen Datteln, und William hatte dem Bären nichts mehr davon gegeben. Er wollte sie als Mittel einsetzen, das Tier gefügig zu stimmen, eventuell zu belohnen. Längst hatte er versucht, einfache Dressurübungen mit dem Bären anzustellen. Da waren Belohnungen unerläßlich, das hatte auch Webbs ihm bestätigt. Er warf die Datteln hin. Der Bär war beschäftigt.

Webbs! Wo war Webbs?

Er hatte den »Heimatschuß«. Ein Arm war am Ellbogengelenk abgerissen worden. Sie hatten ihn schon »nach hinten« gebracht. William sah seinen Freund nicht mehr. Sie hatten nicht einmal Adressen getauscht. Später werde ich mich nach ihm erkundigen, tröstete William sich selber.

Die Überlebenden sammelten sich dankbar. Alles in allem war es ein Wunder, daß etliche diesen mörderischen Angriff überstanden hatten. Ganz gewiß ein Wunder war die Errettung Powells und Shenessys.

Am nächsten Abend erfolgte die ersehnte Zurückverlegung der 3. Kompanie. Powell hatte stramm telefonische Meldung über das Lebensmitteldepot gemacht sowie die Wundertaten des Bären dick herausgestrichen. Oberst Perkins war beeindruckt.

So traten am 5. Juni 1918 die Männer der 3. Kompanie im Karree an. Sie hatten ihre Uniformen inzwischen etwas aufgefrischt und trugen ihre Tellermützen und geputzte Stiefel.

Der Oberst trat aus seiner Galabaracke. Die Männer nahmen Haltung an, und Oberleutnant Powell schrie mit hoher Stimme weitere Befehle.

»Luckie« Perkins ließ den Blick über die Soldaten schweifen und blinzelte ein wenig. Er war gerührt. Er war auch entsetzt. Junge, knackige Gestalten waren in die Gräben gegangen. Alte, verbrauchte, ausgemergelte Männer spuckte der Krieg hier wieder aus. Und wie wenige! Wie viele waren gefallen oder schwer verwundet?

Oberst Perkins legte grüßend die Hand an die Mütze und rief: »Guten Morgen, Männer!«

»Guten Morgen, Herr Oberst!« antworteten sie wie ein Mann.

Etwas isoliert hatten sich William Rockwell als offizieller Bärenführer und das Maskottchen des 159. Infanterieregiments aufgestellt. Das heißt, der Bär zerrte ziemlich unwillig an der Kette. Die neue Umgebung machte ihn nervös.

Rockwell beobachtete ihn argwöhnisch: Sein Liebling würde sich doch hoffentlich gut benehmen? Noch kannte er seine eigene Kraft nicht, doch empfahl es sich schon tunlichst, eine dickere Jacke und lange Hosen zu tragen, wenn man sich dem Tier näherte. Es hatte Kraft. Und es war von Natur aus ruppig. Und ziemlich groß war der Bursche inzwischen geworden. William Rockwell war nicht mehr weit von der Erkenntnis entfernt, daß sein Kamerad Webbs recht gehabt hatte, als er sagte, daß man einen Bären nicht als niedliches

Haus- und Fronttier halten konnte.

Aber nun weckte das ganze Zeremoniell doch das Interesse des Bären. Er beruhigte sich, wiegte nur ab und zu den Kopf.

Oberst Perkins sah feldherrnmäßig in die Runde und sagte: »Männer, heute vor zwei Jahren, am 5. Juni 1916, versank bei den Orkney-Inseln auf dem Schlachtkreuzer ›Hampshire‹ Lord Horatio Herbert Kitchener, Earl of Khartum, britischer Feldmarschall, auf seiner Fahrt nach Rußland. Im irischen Bally Longford wurde er 1850 geboren. Mit ihm ging einer unserer großen Engländer für sein Vaterland und die Sache der Gerechtigkeit ein in die Unsterblichkeit. Heute gedenkt mit uns die ganze britische Welt dieses Helden, der den Fanatismus der Madhisten in die Knie zwang und den Burenkrieg 1902 durch Weitsicht und Tapferkeit siegreich beenden konnte. Lord Kitchener, Reorganisator des britischen Heeres, ist uns allen ein leuchtendes Beispiel. Getreu der Tradition unseres Regiments gedenken wir an diesem Tag eines der Tapfersten des Empire, Lord Horatio Herbert Kitchener!«

Langsam senkten sich die Degen der Offiziere. Die Kompanie stand präsentierend, wie aus Stein gehauen. Immer noch griffen und ergriffen die Riten des Soldatentums. Abgebrühte Kämpfer standen da mit feuchten Augen.

Der Oberst fuhr fort: »Das Regiment ist – das darf ich jetzt bekennen – aus einer akuten Gefahr errettet worden. Die Straßen hinter uns sind ein Trümmerfeld. Nachschubkolonnen blieben stecken, wurden attackiert. Die Tanks, die den Feuergürtel durchbrechen konnten, reichten gerade hin, das Allernotwendigste sicherzustellen. Sie alle haben es am eigenen Leibe erfahren. Ein Bär rettete unser Regiment vor der furchtbaren Entscheidung: Zurück, um nicht zu verhungern, oder vorwärts in den ehrenvollen Tod. Jawohl, unser Maskottchen hat sich aufgemacht, ein Lebensmitteldepot zu entdecken!«

William Rockwell verzog keine Miene. Sein Herz klopfte. Aber im innersten Herzen amüsierte er sich auch köstlich. Wahrscheinlich ging es Oberst Perkins genauso. Der hatte oft sein gewisses Funkeln im Blick, das auf angelsächsischen Humor schließen ließ. Von wegen »aufgemacht, ein Depot zu entdecken«, dachte William. Ausgerissen ist er. Dann hat ihn sein Instinkt geleitet, weil er Kohldampf hatte. Klar. Doch schließlich entscheidet im Leben stets das Ergebnis.

Der Oberst blickte den Bären an. Offenbar überlegte er, ob er sich ihm weiter nähern sollte. Aber dann entschied er sich doch lieber dagegen. Er fuhr markig fort: »So sprechen wir dir, du treuer Kamerad in hundert Schlachten, unseren Dank aus und versprechen, immer nach Kräften für dich zu sorgen. Da du unser Regimentsmaskottchen bist und da wir uns heute am Kitchener-Tag versammelt haben, komme ich gern noch einer Pflicht nach, für deren Erledigung uns bisher die Muße fehlte. Im Jahre 1916 wurde bei uns zu Hause in Ontario der Ort ›Berlin‹ dem britischen Feldmarschall Kitchener zu Ehren und zum Gedächtnis in ›Kitchener‹ umbenannt. Was liegt näher, als daß wir unserem guten Kameraden nun auch mit Respekt und Dankbarkeit diesen ehrenvollen Namen verleihen. ›Bär von St. Jules‹, ich taufe dich auf den Namen ›Kitchener‹! Unser Bär Kitchener ... ein dreifaches ...«

Die Männer standen stramm, riefen: »Hurra! Hurra! Hurra!« und warfen ihre Tellermützen in die Luft.

William Rockwell setzte seine Muskelkraft ein, um den Hochgeehrten zu halten, dem es jetzt wirklich etwas zu bunt wurde.

Der kleine Monday, eine Art Dauerfaktotum der Etappe, wieselte heran und baute ein Fotostativ auf. Die Soldaten rückten zusammen und präsentierten das Gewehr.

William Rockwell hielt nun den Augenblick für gekommen, den Clou einer Bärenerziehung vorzuführen. Er hatte geprobt und geprobt und viele Süßigkeiten dafür verbraucht. »Blamier mich nicht, Kitchener!« flüsterte er flehend. Das war so schwierig mit einem Bären: daß man an seinem Mienenspiel gar nichts erkennen konnte. Überhaupt nichts.

Kitchener machte ein Gesicht wie alle Tage. Hunde zogen die Oberlippe von den Zähnen, wenn sie wütend waren, Katzen sträubten die Nackenhaare, Gänseriche breiteten wild die Flügel aus. Ob Mimik oder Gebärdensprache, die meisten Tiere drückten sich unmißverständlich aus, besonders, wenn sie angreifen wollten. Aber ein Bär tat gar nichts. Sah aus wie immer und zog einem plötzlich eins mit der Tatze über. Bei Bären mußte man als Mensch eine Art sechsten Sinn entwickeln. Deshalb, hatte Webbs gesagt, seien sie auch keineswegs leicht zu dressieren, und die drolligen Zirkusnummern mit Petz im Anzug, auf einem Rad strampelnd, seien Schwerstarbeit für den Dompteur.

Rockwell winkte einem eingeweihten Kameraden zu, der trat vor und überreichte ihm mit ausgestrecktem Arm einen Stahlhelm. William gab herzklopfend sein Kommando. Und während der kleine Monday hinter seinem Fotoapparat unter einem schwarzen Tuch verschwand, richtete Kitchener sich auf den Hinterbeinen steil auf und hielt die Tatzen hoch wie ein Wappentier.

Monday schlüpfte unter seinem schwarzen Tuch hervor, ergriff die Verschlußkappe des Objektivs und krähte: »Achtung! Zwanzig ... einundzwanzig ... danke!« Er hatte die Kappe abgenommen und wieder aufgesetzt. Das Bild war im Kasten. Ein Jahrhundertbild! Lauter gestählte Gestalten mit törichtem Grinsen oder tiefer Ergriffenheit auf dem Gesicht. William Rockwell, mit aufgerissenen Augen, ausgesprochen bänglich wirkend, aber auch stolz. Und Kitchener! Auf den Hinterbeinen, offenbar leutselig winkend und mit einem flachen Stahlhelm schief auf dem Kopf!

Auf dem Foto konnte man zum Glück nicht sehen, daß

der Bär die Kopfbedeckung gleich darauf abgeschüttelt und ungeduldig an der Kette gezerrt hatte, woraufhin William ihm eilends die Datteln hinwarf, über die er sich knatschend, spuckend und konzentriert hermachte.

Der Oberst ließ noch nicht wegtreten. Er erhob noch einmal die Stimme, um mitzuteilen, daß der Bär Kitchener hiermit in den Rang eines Gefreiten erhoben sei. Und sein Bärenführer William Rockwell werde mit sofortiger Wirkung zum Unteroffizier befördert. Er habe damit zwar eine Stufe übersprungen, doch müsse ein gewisses Gefälle von Bärenführer zu Maskottchen gewahrt bleiben.

William nahm Haltung an. Er machte ein ernstes Gesicht. Unteroffizier, das war immerhin etwas für einen Berufssoldaten, der später ausscheiden wollte aus dem Militärdienst, um eine Biberfarm aufzumachen.

William Rockwell gestattete sich zur Zeit möglichst wenig Träume. Es waren ohnehin Träume der bedrückendsten Sorte. Jenny, seine süße, zierliche, zärtliche Frau. Konnte es denn wirklich sein, daß sie ihn vergessen hatte, betrog und verließ? Ja, im Stich ließ?

Jedes Mal beim Postempfang, der nun wieder etwas regelmäßiger erfolgte, weil eine leichte Beruhigung der Kampfhandlungen eingetreten war, klopfte Williams Herz wie wild. Kameraden kamen und lasen ihm schmunzelnd Passagen aus ihren soeben erhaltenen Briefen vor. Frauen und Kinder in der Heimat erkundigten sich nämlich inzwischen angelegentlich nach dem Bären, nach seinem Befinden, und was er so mache? William lächelte trübe. Wie nett! Nur leider nicht für ihn.

Eines Tages jedoch wurde sein Name aufgerufen.

»Unteroffizier Rockwell! Hier ist Post für den Gefreiten Rockwell. Soll ich sie trotzdem aushändigen?«

Am liebsten hätte William seinem scherzenden Kameraden

den Brief aus der Hand gerissen. Mühsam beherrschte er sich. Aber dann sah er die Schrift. Die etwas steilen Buchstaben, die Jimmy malte. Sein Herz krampfte sich zusammen. Das Blut zog sich aus seinem Gehirn zurück. Er wankte. Schlachten, Todesgefahr, daran konnte ein Mann sich gewöhnen. Aber dies ... Er riß das Kuvert auf.

»Lieber Dad, ich schreibe heute, weil Mom nicht schreiben kann. Sie liegt noch im Krankenhaus. In der Christina Street ist vor ein paar Wochen ein Pferd mit einer Kutsche durchgegangen. Mom kam gerade mit dem Rad angefahren. Sie hat Rippen gebrochen und eine Gehirnerschütterung, und ich schreibe dir jetzt erst, weil sie wieder auf dem Damm ist und dich grüßen läßt, und du sollst bald nach Hause kommen. Das wünscht sich auch sehr Dein Dich liebender Sohn Jim. Auch Lucille läßt grüßen. Sie ist bei Frau Dobbs in Pflege. Ich bin auch bei Frau Dobbs in Pflege. Frau Dobbs will an dich schreiben. Sie und Herr Dobbs haben vorigen Monat geheiratet. Sie ist sehr nett.«

William sank auf seine Pritsche nieder. In der Baracke, die nur von oben her durch kleine Lüftungsklappen Frischluft erhielt, in der es entsprechend mörderisch nach Schweiß und Schmutz und Ausdünstungen stank, in diesem Massenquartier für hundertzwanzig Männer, die nachts in vergilbten Schlafsäcken schnarchten oder mit zweifelhaftem Erfolg Läuse knackten, in dem Ratten huschten und die Holzwollesäcke in den Etagenbetten die reinsten Folterinstrumente waren, so hartgequetscht und voller Kuhlen und Hückel, in dieser Baracke fühlte William Rockwell sich plötzlich wie ein König.

Er war in Sorge. Er bangte um Jennys Gesundheit. Und doch: Wie glücklich er war! Unbeschreiblich erleichtert. Wie neu geboren.

Jenny hatte ihn nicht verlassen. Sie war verunglückt. Das sah dieser kleinen quicken Person ähnlich: Donnerte mit ihrem Fahrrad doch glatt in ein durchgehendes Fuhrwerk hinein! Sie hätte tot sein können, dachte William, und seine Kopfhaut kräuselte sich vor Entsetzen.

Noch etwas ruhte auf dem Grunde seiner Seele. Der Gedanke an Frau Dobbs tauchte auf. Frau Dobbs. Welch himmlischer Name! Frau Dobbs und Herr Dobbs. Wie war er nur darauf gekommen, Dobbs sei ein lüsterner Junggeselle? Es gab eine Frau Dobbs, und so, wie Jim es formuliert hatte, handelte es sich um die Ehefrau. Die war sicher wachsam. Sie hatte die Kinder in Pflege genommen. Nun, alles war klar. Er hatte sich in einen Frontkoller hineingesteigert. Seine süße Jenny wartete auf ihn. Er hatte sie verraten. In Gedanken, aber doch verraten. Und nicht umgekehrt.

Jenny! Jim! Lucille! O mein Gott. Ich habe eine Familie, die auf mich wartet, und ich führe mich hier wie ein Vollidiot auf. Seine Sehnsucht brandete hoch. Er schlang die Arme ganz eng und fest um seinen Körper und wiegte sich in Pein und Seligkeit.

Unteroffizier Henry Wood trat ein und sah ihn forschend an. »Schlechte Nachrichten, William? Etwas nicht in Ordnung?«

William hob den verschleierten Blick zu seinem Kameraden. »Ganz im Gegenteil. Oder eigentlich doch. Ach, Henry, ich bin ganz verwirrt. Meine Frau hatte einen Unfall. Einen ziemlich schweren Unfall, fürchte ich. Da kann ich wohl nicht behaupten, ich hätte eine gute Nachricht erhalten.«

Wood nickte mehrmals. Oh, er hatte die Befürchtungen seines Kameraden durchaus mitgekriegt. Er verstand sie, wie jeder sie verstand, der eine geliebte Frau zu Hause hatte. Er wußte, was William fühlte. »Es ist alles nicht so einfach«, sagte er leise, »aber so viel steht fest: Wenn wir den Schlamassel bloß noch ein paar Wochen überleben, dann werden wir bald wieder zu Hause sein.«

»Du meinst ... Kriegsende?«

»Ich meine ... Frieden!«

»Unvorstellbar schön.«

»Ich würde mich drei Wochen lang nur im Bett aufhalten. Mal allein. Mal mit Jane.« Wood lachte glücklich-verlegen.

»Was bist du eigentlich von Beruf? Lehrer, nicht?«

»Ich habe am College in Montreal Physik und Mathematik unterrichtet.«

»Du lieber Himmel, Henry, du bist ja ein richtiger Geistesheros!«

»Hier an der Front ist es wichtiger, daß man drei und drei zusammenzählen kann. Oder? Und für mich sieht es nach Beendigung des Krieges aus. Guck dir die Fritzen an. Es gärt in ihren Reihen. So viele haben noch nie ihr Gewehr fortgeworfen. So häufig kamen niemals Überläufer wie in letzter Zeit. Sie führen wilde Reden von Ausbeutung, Entrechtung, Kadavergehorsam und Verdummung des Volkes. Es riecht förmlich nach Revolution und Kapitulation. Ihre Heimatfront steht schon lange nicht mehr stramm. Wir haben sie ausgehungert. Es wird zu ihrem eigenen Besten sein. Sie liegen in den letzten Zügen.«

»Und was machen wir mit Kitchener?« fragte William nachdenklich. »Wenn ich meine Biberfarm schon hätte, würde ich ihm ein Gehege am Huronensee errichten, da könnte er leben und alt werden. Na ja, Webbs hat immer behauptet, ein Bärenmann brauche unbedingt eine Bärenfrau, wenn es soweit ist.«

»Powell hat riesige Ländereien am Ontario-See, soweit ich weiß. Vielleicht kann er einen kleinen Privatzoo aufmachen?«

»Wieso denn Powell? Schließlich ist Kitchener mein Bär«, protestierte William Rockwell.

Henry Wood lachte. »William, so ein Quatsch. Der Bär gehört dem gesamten 159. Infanterieregiment von Ontario, und das sind immer noch, wenn ich mich nicht irre, fast tausend Mann. Nur unter dieser Bedingung darf Kitchener doch hier sein feudales Leben im eigenen Zwinger mit Auslauf und erstklassiger Verpflegung führen.«

»Hast schon recht. Aber trotzdem ... Wenn es erst soweit ist mit dem Frieden ...«

Noch war der Kampfgeist der Deutschen nicht gebrochen. Ein letztes Mal rafften sie sich zum fanatischen Angriff auf. Wenige Stunden nach diesem Gespräch duckte sich die Front noch einmal zusammen, preßten sich Leiber an schweflige Erde. Die Deutschen trommelten, trommelten heraus, was sie hatten. Die Kaiserschlacht 1918 hatte begonnen. Es war der letzte Sturm verzweifelter Herzen, untergehender Heere, zerbrochener Ideale und vergangener Träume.

Drei Wochen lang bebte die Erde. Unentwegt, ungeheuerlich, titanisch. Wenn eine Feuerpause eintrat, rafften sich die erdfahlen Männer auf. Sie krochen aus ihren Löchern hervor, sie schälten sich aus eingeknickten Unterständen und qualmenden Trichtern. Sie drückten den Kolben ans Kinn und feuerten.

Noch einmal, zum letzten Mal in diesem Krieg, hielt die Welt den Atem an. Die Rotationsmaschinen der Zeitungen in allen Ländern stampften und spien Nachrichten für die wartenden Menschen aus. »Die Front trommelt.« »Im Westen nichts Neues.« »Die Linien werden gehalten.« »Die Siegfried-Linie wankt.« »Sie steht!« »Sie wankt!« »Sie steht!« Die Jugend verblutete. Die Menschen zu Hause warteten und litten und sehnten sich.

Auch die Baracke der 3. Kompanie blieb nicht verschont. Viele Männer starben noch so kurz vor dem Finale. Es orgelte heran, klang dumpf, dann hohl und voll. Man gewöhnte sich fast an alles. Die Deutschen setzten auch wieder Giftgas ein, hieß es. Keiner durfte mehr ohne Gasmaske sein. Nur Kitchener widerstand Dressurversuchen in dieser Richtung energisch. Er war nun ja ein Kriegsveteran. Seine Bärenruhe war wie ein Orakel für die Männer: Es würde letztlich gut ausgehen. Überall an der Front am Kanal hieß es: Kitchener ist auf dem Posten. Also geht's uns auch noch gut.

So nahte der entscheidende November 1918. Der Monat, in dem die Welt aufatmen durfte und sich erlöst fühlen von der eisernen Klammer des Krieges.

Die Foch-Offensive drängte die deutschen Stellungen zurück. In Deutschland eiferten die Revolutionäre. Redner riefen von Denkmälern und Fässern aus ihre Parolen. Die Menschen hatten alles gegeben und waren nur noch erschöpft. Die ausgeblutete Front brach zusammen.

Die Menschen knieten nieder und falteten die Hände: Herr, laß endlich Frieden sein. Vergib uns unsere Schuld. Ein Zittern lief durch die Lande. Das Ganze halt!

Das Ganze halt – endlich! Glocken läuteten. Orgeln dröhnten. Die Menschen eilten zu Dankgottesdiensten. Und alle, die ihre Liebsten verloren hatten, weinten haltlos oder schwiegen verbittert. Das Leben ging weiter. Für manche Frau aber war es bereits zu Ende. Junge Mädchen hielten das Bild ihres Verlobten in den Händen und ahnten, daß sie alte Jungfern waren, ohne je wirklich gelebt zu haben. Mütter ballten die Fäuste und planten das Überleben im Frieden für sich und die Kinder.

Am 11. November 1918 wurde im Wald von Compiègne der Waffenstillstand unterzeichnet. Im Salonwagen des Marschalls Foch unterzeichneten Generalissimus Foch und Matthias Erzberger im Namen ihrer Völker Wilsons Vierzehn Punkte: Räumung der besetzten Westgebiete und des linken Rheinufers, Aufhebung der Bestimmungen der Friedensschlüsse von Brest-Litowsk und Bukarest, Auslieferung des schweren Kriegsmaterials und der U-Boote, die der Stolz des deutschen Kaisers gewesen waren. Aufbauleistungen in den besetzten Gebieten standen auf dem Programm.

Wenn es auch Sieger gab, so hatten im Grunde doch alle

verloren. Innenpolitische Krisen hatten überall stattgefunden. In Großbritannien wurde der Sturz der liberalen Regierung durch Bildung eines straff organisierten Kriegskabinetts aufgefangen, Meutereien in Frankreich hatte Clemenceau mit seinem Kabinett bekämpft. Im österreichisch-ungarischen Parlament begehrten die Tschechen und Südslawen auf – Kaiser Franz Joseph, der Verehrte, war 1916 gestorben und durch seinen Nachfolger Karl I. nicht zu ersetzen gewesen. Oktoberrevolution in Rußland und Installierung der Sowjetherrschaft. Wilhelm II. ging ins holländische Exil, und die Leute sangen: »O Tannebaum, o Tannebaum, der Kaiser hat in 'n Sack gehaun.« Die Republik war ausgerufen worden in Deutschland.

In einem Dorf zwischen Maubeuge und Mons war in weitem Karree das 159. Infanterieregiment von Ontario angetreten. Oberst Perkins verlas, nicht ohne Pausen, die er zum Hinunterschlucken der Rührung brauchte, die Proklamation, die Frieden bedeutete nach vier mörderischen Jahren.

Die Fahnen senkten sich zum Gedenken an die Toten. Trommelwirbel hallte dumpf, und die ramponierten Mauern der kleinen Häuser schienen noch einmal zu erzittern. Doch in einer Pfütze badeten tschilpend zwei Spatzen, als hätten sie eine heitere Botschaft zu überbringen.

»Ich bin stolz auf euch«, sagte Oberst »Luckie« Perkins. »Das 159. Regiment hat vom Angriff bei Béthune und der Lorettohöhe bis zur Entscheidung bei Cambrai und Arras stündlich seine Pflicht erfüllt. Es verlor in der Zeit das Dreifache seiner Kriegsstärke an Toten und das Achtfache an Verwundeten. Es hatte knappe sechs Wochen zur Auffrischung in der Etappe. Seine Majestät der König spendete ihm offiziell Lob für Einsatz und Treue. Ich weiß, daß Zahlen und Belobigungen wenig sagen über das Maß an Tapferkeit, das jeder einzelne von euch aufbringen mußte.

Wir scheiden in dem stolzen Bewußtsein, unser Bestes für die Sache des Weltfriedens, des Menschheitsfriedens gegeben zu haben.«

Er sah in die Gesichter seiner Männer. Jünglinge waren angekommen. Jetzt waren ihre Züge hart und kantig, geprägt noch vom Grauen der Schlachten, doch in den Augen blitzte bereits Hoffnung. Menschen vergaßen. Sie kamen drüber weg. Nicht ganz, etwas blieb in den Knochen und in der Seele zurück. Doch es war wunderbar, noch einmal davongekommen zu sein!

Perkins grinste ein bißchen und fuhr fort: »Ich weiß, daß mein Spitzname ›Luckie‹ ist. Oberste sind nicht so ahnungslos, wie sie manchmal tun. Luck – Glück. Sicher konnte ich diesem Namen nicht gerecht werden – wer könnte das, im Kriege? Aber so viel will ich sagen: Mir ist, als ob bald, wenn wir zurück sein werden in unserer fernen Heimat, meine Familie auseinanderginge. Diese Jahre haben uns zusammengeschweißt. Wir sollten uns nicht aus den Augen verlieren. Und nun denke ich auch an unser treues Maskottchen, das ja inzwischen ein ausgewachsener Bär ist. Ich weiß, daß mehrere Männer ihn gern zu sich genommen hätten. Besonders Soldat Shennessy, der ihm, wie ich erfuhr, zum Dank für die Lebensrettung, seit er aus dem Lazarett zurück ist, täglich Pudding kocht ...« Hier ging ein Gekicher und Gelächter durch die Reihen wie einst in der Schule, wenn der Lehrer sich gestattet hatte, einen Witz zu machen. »... und Unteroffizier Rockwell bietet ihm einen Platz auf seiner Farm an. Vielleicht als eine Art Wachhund für seine Bibertruppe?« Wieder wurde gekichert. »... sicher würde auch mein lieber Adjutant Clark sich gern mit diesem Prachtbären schmücken ...« Dies war nun die reine Bosheit, denn Clark hatte nach wie vor nichts für bissige und tatzenschwingende Bären übrig und verstand das ganze Getue um das Tier nicht.

Oberst Perkins rückte an seinem Koppel und sagte: »So

verlockend es auch klingen mag, bei Paraden einen Bären mitzuführen – und andere Regimenter würden garantiert vor Neid erblassen –, so ist das doch unmöglich. Kitchener ist ein Raubtier. Es würde dem Reglement und allen Regiments- und Garnisonsvorschriften zuwiderlaufen, ihn mitzunehmen oder gar zu behalten. Über sein Schicksal muß beraten werden. Ich persönlich schließe mich dem dringenden Vorschlag unseres Kameraden Webbs an, der nun, schwerverletzt, leider nicht mehr direkt seinen wertvollen Rat als Fachmann beisteuern kann. Ich plädiere dafür, Kitchener in einen erstklassigen Zoo zu geben. Da bietet sich London an. Wie gesagt, das letzte Wort ist noch nicht gesprochen. Doch eins will ich heute schon verraten: Ich habe bereits eine Eingabe gemacht. Das 159. Infanterieregiment wird, wenn alles klar geht, in sein Regimentswappen einen Bären aufnehmen. Unser Kitchener, er lebe ...«

In Wirklichkeit hatte bereits eine Beratung mit Oberleutnant Powell und Unteroffizier William Rockwell stattgefunden. Nach vielem Hin und Her, Rücksprachen mit dem Stab und Powells scherzhafter Bemerkung, man müsse Kitchener in eine GmbH umwandeln, hatte Perkins sich an den Londoner Zoo gewandt.

Womit er nicht gerechnet hatte: Die Soldaten waren ebenfalls nicht müßig gewesen. Eine Umfrage, was denn nun mit dem Glücksbringer des Regiments, dem Symbol für Gelassenheit und Überleben, geschehen solle, ergab kuriose Vorschläge. Vor allem meldeten sich vierzehn »Paten«, die davon ausgingen, daß die Unterbringung eines Bären so oder so Geld kostete, und die deshalb zu regelmäßigen Zahlungen bereit waren.

Außerdem schrieb »Pate« Soldat Willkotts: »Kitchener hat mir zur Verlobung verholfen. Meine Freundin Sue war so begeistert von meiner Tierliebe, die sie aus den Briefen herauslesen konnte, daß sie endlich einwilligte!« Ein rührender Schwachkopf!

Gefreiter Leslie Redcalf schrieb: »Meine Frau Katherine hat mich ausdrücklich ermächtigt, um den Bären Kitchener nachzusuchen. Wir haben eine Obstplantage und jede Menge Land und Wasser. Er würde sich bei uns wohlfühlen.« Katherine brauchte wohl 'nen Verbündeten!

Den Vogel schoß der Soldat Tyrone McClay ab, der schrieb: »Ich bin im Zivilberuf Dompteur bei Barnum. Kitchener könnte in meiner Löwennummer eventuell radfahren oder eine Drahtseilnummer vorführen. Diese Attraktion würde in der Großwilddressur einzig dastehen, und ich bin sicher, daß es einem Bären, der schon so viel mitgemacht hat, Spaß machen würde. In einem Zoo wird Kitchener sich nur langweilen. Außerdem kann er sich auf diese Art sein Brot selber verdienen.« Kam nicht in Frage!

Oberst Perkins hatte etliche Cognacs trinken müssen, um sich zu beruhigen. Waren sie denn alle durchgedreht? Wenn überhaupt jemand Kitchener bei sich zu Hause halten könnte, dann doch wohl ich persönlich, dachte er, und dann rief er sich energisch zur Ordnung. Er schrieb an den Londoner Zoo einen sehr langen Brief, der auf die Besonderheiten dieses Bären, der ja nicht einfach ein Bär war, hinwies und bei den Herren der Zoodirektion einiges Kopfschütteln auslöste.

Immerhin: Einen jungen Bären im allerbesten Jungmannesalter konnte man gut brauchen. Ja, man suchte eigentlich händeringend so ein Exemplar, da nun der Krieg zu Ende war, alles wieder seinen gewohnten Gang gehen sollte und einige Bärinnen, genau gesagt: vier, wirklich männliche Zuwendung brauchten. Denn Nachwuchs tat not. Die Zoos in Europa hatten alle im Krieg an Substanz eingebüßt. Was allerdings äußerst befremdend wirkte, war das beigefügte Foto: Da stand ein recht gepflegt aussehender »Ursus arctos« aufgerichtet auf den Hinterbeinen, inmitten feixender oder greinender Soldaten, und hatte schief einen Helm auf dem Kopf. Zweifellos ein exzentrisches Tier. Man mußte es sich zuerst einmal ansehen.

Verrückt war auch, daß eine Art »Vertrag« dem Schreiben beilag, in dem einzelne Punkte die Pflege und Betreuung des Braunbären, der zu allem Überfluß auch noch »Kitchener« hieß wie der Kriegsheld, regeln sollten.

Punkt 1: Kitchener wird in einem Freigehege mit darin befindlichem komfortablen Bärenhaus untergebracht.

Punkt 2: Er bekommt einen erfahrenen Pfleger.

Punkt 3: Reichhaltige Ernährung, unter angemessener Berücksichtigung seiner Vorliebe für Süßigkeiten, speziell Vanillepudding, wird garantiert.

Punkt 4: Jährlich wird Kitchener durch einen Tierarzt untersucht und darüber und über sein allgemeines Befinden an das 159. Infanterieregiment von Ontario Bericht erstattet.

Punkt 5: Regimentsangehörige, die sich als solche ausweisen können, haben freien Eintritt im Londoner Zoo, Ehemalige ebenfalls.

Punkt 6: Das Regiment übernimmt ein Viertel der Unterhaltskosten für Kitchener.

Punkt 7: Eine Gefährtin für Kitchener wird gestellt, wenn er danach verlangt.

Die Herren vom Zoo beschlossen, die ganze Sache als angenehm spleenig anzusehen. Dafür hatten sie allesamt Sinn. War ja auch nicht alltäglich, so ein Schlachtenbär. Und die »Bedingungen« waren letztlich durchaus akzeptabel. Besonders Punkt 6.

So traf Chuck Brady vom Londoner Zoo eines Tages auf dem Festland ein. Es war einer jener Vorfrühlingstage an der Straße von Calais, die es den Leuten unmöglich machen, weiter hinter dem Ofen zu hocken und die Zeitung zu lesen. Die ersten wärmenden Sonnenstrahlen brachen sich Bahn durch das Blaugrau des Himmels. Sie lockten gelbe und blaue Krokusse hervor. Die Vögel sangen und zwitscherten überschwenglich. Die Straßen der Festung glänzten ein bißchen. Die Menschen konnten wieder aufrecht umhergehen, ohne Angst vor Geschossen. Ja, ein wenig frühlingsbeschwingtes Glück zog in ihre Herzen ein.

In den Quartieren lag abmarschbereit das 159. Infanterieregiment. Die Soldaten warteten ungeduldig, aber ihr Rücktransport mußte eben organisiert werden. Das dauerte. Sie hatten bessere Uniformen erhalten und wirkten äußerlich wieder proper und wie neu. Nur in die Augen durften sie einander nicht sehen. Da war noch nicht wieder alles glatt und geordnet. Der Truppentransporter war eingetroffen. Es konnte sich nur noch um einen sehr kurzen Zeitraum handeln, bis sie in See stachen.

Und Kitchener? Ihr Bär? Sie hatten ihn gut untergebracht, aber zum Herumzeigen war er doch schon zu groß und kräftig und unberechenbar. Denn ohne Frage war er sehr nervös in letzter Zeit. Wie jedes Tier hatte er empfindliche Antennen für die Stimmung ringsum. Er hatte sich einigermaßen an das Geknalle und Gerumse der Geschosse gewöhnt gehabt, das war schließlich äußerliches Getöse gewesen. Doch nun teilte sich ihm die brodelnde, kaum verhohlene Nervosität seiner menschlichen Betreuer mit. Etwas stimmte nicht. Er trat unruhig von zwei linken Beinen auf zwei rechte und wieder und wieder. Er wiegte den Kopf in unbewußter Verzweiflung. Noch eine Trennung. Irgend etwas Bedrohliches. Er fühlte es und hatte doch nie die schreckliche, allererste, viel zu frühe, von Mutter und Geschwistern, überwunden.

Chuck Brady sah sich den Bären sorgfältig an. »Er ist in erstaunlich gutem Futterzustand«, stellte er fest.

»Wieso ›erstaunlich‹?« schnappte William Rockwell sofort ein. »Wir lassen doch unser offizielles Maskottchen nicht hungern! Er wäre der letzte gewesen, den wir hätten verhungern lassen.«

»Ist ja gut, mein Lieber«, beschwichtigte Brady in seiner etwas öligen Manier. »Würden Sie sagen, daß er bösartig ist?«

»Wieso denn bösartig?!«

»Ich muß mich danach erkundigen. Es gehört zu meinen Aufgaben zu prüfen, ob dieser Bär sich als ... äh ... Mitglied unseres Zoos eignet. Wie Sie wissen, hat er Weltgeltung.«

»Sonst hätten wir ihn auch kaum ausgewählt. Übrigens: Der Bär heißt ›Kitchener‹. Er ist an seinen Namen gewöhnt.«

»Okay, okay. Also ...« Brady ergriff eine Banane und hielt sie durch die Käfigstäbe. »Kitchener, schau mal, schau«, schmeichelte er.

Was tat Kitchener? Er antwortete ganz deutlich mit einem Goethezitat. Nicht stimmlich, aber durch eine Geste. Er drehte sich nämlich um und zeigte Chuck Brady sein Hinterteil.

»Er mag Sie nicht«, stellte Rockwell denn auch schadenfroh fest.

»Wir werden uns schon noch anfreunden«, sagte Chuck phlegmatisch. »Jetzt ist er nervös. Er ahnt etwas. Es wird nicht ganz einfach sein, Kitchener in den Transportkäfig zu kriegen.«

»Versprechen Sie sich von uns nicht zu viel Hilfe«, mahnte William Rockwell und fühlte zu seiner eigenen Überraschung tiefe Abneigung gegen diesen gelassenen Londoner Kerl, ja, sogar etwas wie Haß in sich aufsteigen. Das war natürlich ungerecht, und er wußte es. »Können Sie ihm nicht ein Beruhigungsmittel geben? Oder vielleicht Schlaftabletten?« fragte er.

»Nein, ich glaube nicht, daß das Zweck hätte. Ich werde versuchen, ihn in den Transportkäfig hineinzufüttern.«

»Wie das?«

»Warten, bis er hungrig ist, dann Sachen, die er gern frißt, auf der Strecke zwischen seinem alten und dem neuen Käfig aufbauen. Das Beste im neuen Domizil, das klappt eigentlich immer.«

»Was heißt immer?« Rockwell war bereits wieder sauer. »Kitchener ist ja nicht jeder!« Aber dann besann er sich und erließ einen Aufruf, während Kitchener auf Diät gesetzt wurde. »Wer unserem Kitchener zum Abschied noch irgendeinen Leckerbissen zukommen lassen möchte, der hat jetzt Gelegenheit. Alle Abschiedsleckereien sind bitte abzugeben bei Bärenführer William Rockwell.«

Die meisten der Männer waren schon im Geiste unterwegs, wieder daheim, bei ihren Lieben. Die Verladung hatte begonnen. Es handelte sich nur noch um Stunden, dann war der europäische Spuk vorüber.

Trotzdem kamen viele und gaben Kuchen und Konfitüren ab, und Arthur Shenessy kochte noch einmal Vanillepudding, den äußersten Gipfel von Kitcheners kulinarischen Vorlieben, wie man wußte.

Shenessy kaute immer noch ein wenig an der Schuld, Kitchener die Flucht ermöglicht zu haben, andererseits hatte er dadurch auch viel Gutes bewirkt, und darauf kam es schließlich an. Kitchener jedenfalls war nicht böse gewesen, sonst hätte er ihn ja wohl kaum errettet. Shenessy war ihm sehr dankbar. Von den Datteln in seiner Tasche und Kitcheners wahrem Motiv ahnte er nichts. Er hatte nie wieder an die Datteln gedacht.

So kam es, daß Shenessys Pudding schließlich als Hauptköder im Transportkäfig stationiert wurde und seinen Zweck auch voll erfüllte. Kitchener trottete wie ein Kind, das Ostereier sucht, von Leckerbissen zu Leckerbissen und nahm in vorbildlicher Haltung neben der leeren Puddingschale die Tatsache zur Kenntnis, daß er plötzlich in einer anderen Behausung saß, die verschlossen war und sogar fahren konnte.

William, Powell und Wood machten trübe Gesichter, doch dann gewann die Vorfreude auf die Heimat die Oberhand. Vieles mußte erledigt werden. Für Kitchener war es die beste Lösung. Die Fähre brachte ihn von Calais nach Dover.

Rockwell kniff die hellen Augen zusammen und murmelte: »Adieu, Kitchener. Wir sehen uns wieder, alter Junge! Bestimmt! Versprochen!«

Die Fähre tutete dreimal, ihr Motor stampfte, und der Bär lag verwirrt in seinem Käfig und brummte und litt. Plötzlich war er wieder ganz verlassen. Schreckliche Dinge passierten mit ihm. Es schaukelte, viel später rollten lauter fremde Gestalten seinen Käfig in andere fremde, rollende, stampfende Kisten, und dann wurde sein Käfig geöffnet, und vor ihm lag ein geräumiger, ganz und gar fremder Raum, und furchtbar viele anders riechende Menschen schnatterten drumherum.

Die Presse war versammelt. Der »Frontbär« machte Schlagzeilen. Der Krieg war aus. Man konnte sich wieder originellen Geschichten widmen. Sehr gut gelaunt war der Veteran allerdings nicht, auch nicht possierlich. Aber ohne Frage war er über Jahre in heißen Schlachten das Maskottchen eines kanadischen Regiments gewesen.

»Und jetzt frißt er hier das Gnadenbrot?« fragte ein Reporter.

Chuck Brady aber liebte den Bären bereits und erklärte deshalb so richtig von oben herab: »Kein Gnadenbrot. Er zahlt selber.«

Dann kam für Kitchener die Einsamkeit. Er war müde. Nichts als seine Ruhe wollte er haben. Die Natur forderte ihr Recht. Kitchener döste und schlief vor sich hin. Und seine Bärenseele entspannte sich. Er wurde schlank und männlich. Und eines Tages erwachte er wieder einmal, und da war eine Tür offen. Sie führte ins Freie, in einen wunderschönen Park, wo Gras und Büsche wuchsen. Ein herrlicher

Wassergraben schloß sich an. Kitchener tapste darauf zu und trank. Köstlich! Er warf sich auf den Rasen. Die Sonne schien auf seinen Bauch, als er alle Viere von sich streckte.

Was aber wirklich sensationell war: Da waren noch andere. Nein, nicht solche Zweibeiner, sondern großartig aussehende, braune, langhaarige Vierbeiner. Wie ein Kind weiß, was es an der Mutterbrust zu tun hat, so wußte Kitchener, daß diese Wesen Bärendamen waren. Er richtete sich auf und musterte sie. Sie taten harmlos und schielten zu ihm hin. Kitchener holte Luft und brummte ganz tief aus dem Bauch heraus. Er war noch nicht ganz und gar erwachsen, aber doch schon recht erwachsen. Und er fühlte es deutlich: Sein Schicksal hatte sich erfüllt. Er war ein Pascha!

Um die Schönen zu beeindrucken, machte er seine Glanznummer vor: Er richtete sich auf den Hinterbeinen auf. Die Damen waren hin! Und sofort ergab sich im Bärengehege des Londoner Zoos eine neue Konstellation. Die Damen kämpften mit größter Erbitterung um die Rangordnung. Denn auch das wußten sie instinktiv: Dieses köstliche Exemplar würde sich der Siegerin, der ranghöchsten Lady, zuwenden. Der Frühling hatte begonnen!

2

Als Madame Tissot die Aula betrat, verstummte das Stimmengewirr augenblicklich. Erwartungsvolle Stille breitete sich aus. Sie schien die zitternde Erregung in dem hohen, hellen Raum aufzunehmen und zu tragen, bis sich allen Festgästen etwas davon mitgeteilt hatte.

Madame nahm ihren Platz auf dem Podium ein. Auf ihr Zeichen hin brauste Orgelklang auf. Alice senkte die Lider. Wie immer, wenn die Orgel einsetzte, kamen ihr die Tränen. Es war ein reiner Reflex, obwohl heute durchaus auch wirklich Grund bestand, gerührt und traurig und froh zu sein.

Der Chor des Internats hatte sich rechts vom Podium aufgestellt, lauter frische, reizvolle Mädchen, kleinere und größere, in schwarzen langen Röcken und weißen Blusen mit Spitzeneinsatz, Haare in Blond, Rot, Braun und Schwarz, weiße und rosa Haarschleifen, gerötete Wangen, aufmerksame Blicke. Heute waren viele Ehrengäste versammelt. Der Chor des Internats durfte sich nicht blamieren. Herta Dorin, die Leiterin, breitete die Arme aus, als wolle sie ihre winzige Person in den Strom der Melodie werfen, und die Mädchen jubilierten: »... und Sänger und Maler wissen es, und es wissen's auch andere Leut'. Und wer's nicht malt, der singt es. Und wer's nicht singt, dem klingt es im Herzen vor lauter Freud'!«

Nach dem letzten Pianissimo hatte Herta Dorin wieder Tränen in den Augen, und die kleine Gräfin Laffert, die das Solo gesungen hatte, erntete ein überschwengliches Lächeln ihrer Lieblingslehrerin.

Madame Tissot erhob sich. Schwarzes Kleid, Stehkragen,

goldene Brosche. Mit herzlichen Worten verabschiedete sie die zehn jungen Damen, die nun also erfolgreich das Internat durchlaufen hatten und heute in die Welt hinausgingen, zurück zu ihren Familien, als Gattinnen zu bereits wartenden Verlobten, in irgendeinen Schutzraum, und wenn es der leere Luxus war, den eine leichtlebige, reiche Mutter und ein unsteter, reicher Vater für das fast erwachsene Mädchen als Übergang in eine reiche Ehe bereitstellten.

Alice Kellenhusen war eine der zehn jungen Damen, die bei Madame Tissot den letzten Schliff bekommen hatten. Sie konnten nun Englisch und Französisch parlieren, Handarbeiten der feineren Sorte beherrschten sie, auch etwas Mathematik, Physik und Geographie für den Hausgebrauch. Sie konnten selbstverständlich tanzen, reiten und Tennis spielen. Sie wußten, wie man Gäste einlud, Tische deckte, Dienstboten anwies und leitete. Sie wußten alles. Sie waren fromm und erstklassig erzogen. Ein Schmuck für jedes Haus.

Einzeln wurden sie aufgerufen und traten vor, um ihr Abgangsdiplom entgegenzunehmen. Mireille Gelin, die »Bohnenstange«, Grit Rasmussen mit der winzigen skandinavischen Nase und den blonden Locken, Annedore von Schack und Gundi Maffen. Diese vier und Alice waren innerhalb der Klasse enge Freundinnen geworden. Nun trennten sich ihre Wege. Mit achtzehn Jahren stand ihnen die Welt offen. Sie wollten sie aus den Angeln heben, alles anders machen als die Mädchen vor ihnen. Immerhin schrieb man das Jahr 1928. Der alte Zopf war ab. Mädchen waren selbstbewußt. Sie trugen Bubikopf und rauchten Zigaretten aus langen Spitzen.

Natürlich würden sie heiraten, doch sie wollten sich nicht mehr die Butter vom Brot nehmen lassen. Nun, in ihren Kreisen hatten die Frauen schon immer mehr Freiheiten genossen als in der Mittelschicht. Aber die Ausbildung in einem Schweizer Internat öffnete auch jetzt noch alle Türen.

Alice stolperte leicht, als sie vortrat, glücklicherweise mit dem linken Fuß, das sollte ja Glück bringen.

Mit einer leichten Andeutung eines Knickses nahm sie ihr Diplom entgegen. Ihre dunklen Augen richteten sich für zwei Sekunden ungestüm auf Madame Tissot, ehe sie sie niederschlug, und Madame dachte einmal mehr, daß dieses reizende, zierliche Geschöpf mit den anmutigen Bewegungen und dem hellen Verstand etwas Unwägbares hatte, das leider, leider vom väterlichen Erbe stammen mußte. Man hatte sie von »dieser Geschichte« dezent unterrichtet.

Alices Familie war nicht zu ihrem Ehrentag erschienen. Man wußte, daß sie Waise war und bei ihren Großeltern leben würde. Die Herrschaften waren unabkömmlich auf ihrem Gut. Sie hatten Glückwünsche geschickt und das Geld für die Bahnfahrt in einem speziellen »Damenabteil« erster Klasse.

Alice freute sich gar nicht, daß die Zeit in Bern vorüber war. Es war herrlich gewesen für ein Mädchen, das keine Geschwister hatte und keine Eltern und diese sehr kühlen Großeltern, hier auf Wärme und Freundschaft und Zuwendung zu treffen.

Aber natürlich durfte man nicht zeigen, daß man sich ein wenig graulte vor der Rückkehr nach Gut Thießendorf. So drückte sie ihre Nelken an sich, nahm sich zusammen und hielt den Kopf hoch. Nur keine Bange! Ich werde es schon meistern, dachte sie. Das wäre doch gelacht, wenn ich es nicht schaffen könnte!

Nachmittags bummelten die vier Freundinnen noch einmal die Gerechtigkeitsgasse entlang. Der Bärenplatz, der Käfigturm: Namen, die jedesmal etwas in Alice zum Klingen brachten. Eine wehmütige und berauschende Erinnerung an frühe Kindheit, an Vater und Mutter und an eine Zeit, die sie fest in sich verschlossen halten mußte.

Die kleinen silbernen »Backfische« mit ihren beweglichen

Gliedern, die sie an dünnen Kettchen getragen hatten, schmückten seit gestern bereits die Hälse der Dreizehnjährigen, die gerade stolz ins Backfischalter eingestiegen waren.

Sie löffelten Eis mit Sahne und Früchten, kicherten und tratschten noch einmal – wie sonst auch. Und doch war alles anders. Zum letztenmal. Alle ahnten, daß ihre Wege sich trennten, vielleicht endgültig. Sie mußten üben, Abschied zu nehmen, wie sie's später in ihrem Leben noch oft tun würden.

Grit und Annedore wurden schon von ihren Eltern im Hotel erwartet. Sie reisten früher als Alice ab. Gundi besuchte ihre ausgedehnte Familie in der Schweiz. Nur Mireille brachte Alice zur Bahn am anderen Morgen, an dem Bern sich noch einmal von seiner schönsten Seite zeigte: der Rosengarten und das Aareufer, der Botanische Garten und das Münster, die malerischen Gassen der Altstadt und die Sonne darüber. Und François an der Sperre, mit einem Kasten Pralinen und einer Rose in der Hand und einem Küßchen auf die Wange und dem Versprechen zu schreiben, lange, lange Briefe, vielleicht gar ein Wiedersehen?

Umarmung mit Mireille, Ansturm von Tränen, das Abteil, Winken. Rattata, rattata ... Der Zug rollte, und ein Kapitel war abgeschlossen.

Alice lehnte sich zurück und schloß die Augen. Aber bereits auf der nächsten Station stieg eine Pastorenfrau zu mit einem lebhaften, etwa zehnjährigen Bengel, der ungezogen und quengelig war und in Alice die Überlegung auslöste, daß besser als so eine Nervensäge auf jeden Fall gar keine Geschwister waren.

»Wohin reisen Sie denn?« fragte die junge Pastorenfrau.

»Nach Hause. In Norddeutschland«, sagte Alice einsilbig.

»Das muß doch sehr aufregend sein, allein eine so weite Reise zu machen?!«

»Ich bin an Reisen gewöhnt.«

Das stimmte und stimmte nicht. Als sie klein war, ja, da

war sie unentwegt auf Achse gewesen. Ihre Mama, Tochter aus erstklassigem Hause, war eines Tages, blutjung, mit einem Mann durchgebrannt, den Großmutter nur »den Vagabunden« nannte, wenn sie ihn überhaupt einmal erwähnte.

Der Vagabund war Alices Vater. Sie hatte eine vage, aber wilde Erinnerung an ihn: braun, groß, dunkel, lebhaft, schwarze Locken, blitzende Zähne, starke Arme, die das Kind hochhoben und herumschwenkten, Schultern, auf denen man reiten konnte. Strenge, wenn er verlangte, sie solle dies oder das üben, Flicflac, reiten, auf das galoppierende Pferd springen, seiltanzen. »Du mußt doch etwas von meinem Zirkusblut geerbt haben, Lica«, hatte er oft gestöhnt und dabei gelacht, und ihre zarte Mutter hatte ihn angestrahlt und zu bedenken gegeben: »Lica ist auch meine Tochter, Eric. Wie ich braucht sie ein bißchen Zeit, um alles zu lernen.«

»Sie fahren sicher zu Ihren Eltern?« fragte die Pastorenfrau neugierig. Der Bengel bemühte sich, den Fenstergurt abzureißen.

»Meine Eltern sind tot.«

»Oh!«

Diese Wirkung kannte Alice. Da verstummten die Leute. Eine Waise fragte man besser nicht allzu sehr aus. Traurig, traurig. Ja, der Vater war eingezogen worden und in Rußland gefallen, und dann hatte auch ihr winziges Zirkusunternehmen mit den vier Wohnwagen und dem Zelt, das von allen Artisten auf den Dorfplätzen aufgeschlagen wurde, Pleite gemacht. Es gab zu wenig Publikum. Und es gab nichts zu essen. Und kein Futter für den Bären. Der Bär war die Attraktion des »Zirkus Moretti« gewesen. Tief in ihrem Herzen bewahrte Alice die Erinnerung an die große Nummer vor der Pause: Ihr Vater als Harlekin turtelte mit ihrer Mama als zarter Colombine im Tütü, und dann brach der Bär in die Manege ein und verfolgte Colombine, die sich auf das

Drahtseil hoch oben rettete, und während sie oben balancierte und zierlich einen Seidenschirm hochhielt, spielte sich unten im Sand der Manege ein Schaukampf zwischen Harlekin und Bär ab, mit Verfolgungen und einem Ringkampf als Höhepunkt, den Harlekin gewann. Und während der Bär still im Staub lag, tanzten Harlekin und Colombine um ihn herum. Dann durfte er sich erheben, und alle drei nahmen den Beifall des Publikums entgegen.

Ihr Bär hatte Ursula geheißen, eine Bärin, und als die Großeltern ihre verlorene Tochter und das Enkelkind heimholten nach Thießendorf, da war Alices kleine Welt verschwunden wie ein Traum. Sie hatten ihr nicht einmal gesagt, wohin sie Ursula gebracht hatten.

Ihre zarte Mama hatte wohl schon die Schwindsucht in sich getragen die ganze Zeit über. Großmutter hatte Ärzte konsultiert und Kreuztee zubereiten lassen, und Alice hatte ihre Mutter nur noch aus einiger Entfernung sehen dürfen und war untersucht und mit etwas auf dem Rücken eingerieben worden, und es hieß: Gott sei Dank, das Kind ist gesund. Und dann war Mama auf dem Friedhof im Erbbegräbnis beigesetzt worden. Alice versteckte das einzige Bild, das sie von ihren Eltern besaß: Mama mit übergroßen dunklen Augen. Der Vater trug einen Zylinderhut. Beide lächelten auf eine sonderbar hochmütige Art, als wollten sie sagen: Was wißt ihr denn?!

Vom Zirkus Moretti wurde nie wieder gesprochen in der Familie Kellenhusen. Die Großeltern adoptierten Alice. Sie hieß nun Alice Kellenhusen.

Als die Pastorenfrau ausstieg, wobei der Bengel Alice noch schnell absichtlich auf den Fuß trat, stiegen zwei lebhafte Damen zu, die sich angeregt unterhielten und damit einen angenehmen akustischen Hintergrund abgaben, zusammen mit dem Rattern der Bahn, so daß Alice fast einschlief.

Zweimal mußte sie umsteigen. Als sie schließlich in der

Bummelbahn saß, nun natürlich nicht mehr in einem speziellen Damenabteil, sondern in der ganz gewöhnlichen ersten Klasse, da erfüllte sie doch plötzlich so etwas wie Heimweh oder Wehmut oder was es auch war. Die Landschaft war so weit, mit Feldern und Waldstücken und einem blassen Horizont. Es roch anders, wenn sie sich aus dem Fenster lehnte. Herber. Nach Kraut und Wind und See.

Als sie ausstieg und der alte Budder die Mütze abnahm, ihre Reisetasche ergriff und sie zu dem Einspänner führte, vor dem »Miene« stumpfsinnig auf das »Hüh!« wartete, da erfüllte sie plötzlich Vorfreude. Ich habe doch ein Zuhause, dachte sie. Ich habe keine Eltern mehr, aber eine Heimat habe ich. Sie ist hier, wo der Blick den ganzen Himmel umfassen kann. Ich bin jung. Das Leben liegt vor mir. Ich werde glücklich sein! »Mein Gepäck!« fiel ihr ein. »Ich hatte Koffer aufgegeben!«

»Da kümmert sich der Stationsvorsteher drum«, sagte Budder in unwahrscheinlich breitem norddeutschen Tonfall. »Wird nachher mit dem großen Wagen abgeholt.«

»Wie geht's denn so, Budder?«

»Tscha, danke der Nachfrage. Die gnädige Frau hat ihren Heuschnupfen. Sonst ist wohl alles in Ordnung.«

»Und bei Ihnen selbst?«

»Tscha, meine Frau ist nun schon ein Jahr tot. Muß so gehn. Meine Tochter ist in die Stadt gezogen. Der Sohn ist Tischler in Lübeck. Hat 'ne große Wohnung und vier Kinder.«

»Mein Gott, Budder, das mit Ihrer Frau wußte ich ja gar nicht.«

Er schwieg.

Die Felder lagen noch kahl unter der Frühlingssonne, aber der Wald hatte schon diesen silbergrünen Schimmer, den Farbton, den es in keinem Tuschkasten gab und den Laien beim Malen nie hinbekamen. Das Grün verriet sie.

Alice atmete tief die würzige Luft ein und beschloß noch einmal, glücklich zu sein und sich nicht verwirren zu lassen durch Kleinigkeiten. Trotzdem war sie sehr aufgeregt, als der Wagen das breite Tor passierte und den Kiesweg zum Schloß hinaufknirschte. Großmutter stand auf der Treppe und breitete zeremoniell die Arme aus. Neben ihr stand groß und rötlich und still der Großvater. Alice stieg eilig aus, sprang die Treppen hinauf und nahm die dargebotene Hand ihrer Großmutter, die sie wohlerzogen küßte.

Die Großmutter sah wider Erwarten gerührt aus, fast, als hätte sie geweint oder müsse Tränen unterdrücken. Doch dann fiel Alice Budders Bemerkung über den Heuschnupfen der »gnädigen Frau« ein, und sie mußte lächeln. Natürlich, ihre Großmutter hatte die geschwollenen Schleimhäute vom Pollenstaub und nicht aus Rührung über die heimkehrende Enkelin. Selbst wenn sie gerührt gewesen wäre, hätte man es ihr garantiert nicht ansehen können. Sie wahrte Haltung. Sie hatte Beherrschung förmlich gepachtet. Es war undenkbar, sie sich im Geiste als »Oma« oder gar als »Omi« vorzustellen. Deborah Maryrose Hawks war Britin, und zwar eine, wie sie im Bilderbuch stand. Sie zog Alice an sich und küßte sie leicht auf die Wange. »Willkommen, Alice! Wir freuen uns.«

Der Großvater umarmte seine einzige Enkelin mit Wärme. »Ja, willkommen, Liebes. Schön, dich wieder hier zu haben«, sagte er.

Alice mochte ihn sehr gern. Ein Bundesgenosse konnte er jedoch nicht sein. Er stand nicht direkt unter Großmutters Pantoffel, doch gab es strenge Arbeits- und Zuständigkeitsteilung auf Gut Thießendorf. Erziehung war Großmutters Sache.

Alice fügte sich wieder ein in den Rhythmus des Hauses Kellenhusen. Sonderbar, dachte sie, daß ich hier wieder Kind bin.

Sie besuchte das Grab ihrer Mutter und legte Blumen nieder. Wieder erschütterte sie die Erinnerung an diese zierliche Frau, die wie ein Irrlicht durch ihr kurzes Leben gegeistert war. Alice hatte manche Erinnerung an sie, und doch konnte sie sich vor allem an die leichtfüßige Gestalt erinnern, die im Tütü vor dem Bären floh und leichtfüßig-vorsichtig auf dem Seil balancierte, das bunte Schirmchen als einzigen Halt in der Luft. Ja, so hatte sie wohl gelebt: intensiv und flüchtig zugleich. Alice wußte wohl, was die forschenden Blicke bedeuteten, mit denen ihre Großmutter sie ansah. Sie fürchtete an der Enkelin das Erbe nicht nur des Vaters, sondern auch der Mutter, die alles fortgeworfen hatte, was gute Erziehung und Fürsorge und ererbte Verpflichtung bedeuteten, und mit diesem Kerl auf und davon gegangen war. Aus Liebe! Welch abscheulicher Zustand, so außer sich zu geraten, daß man alle Rücksichten vergaß.

Alice kauerte sich zu dem Grabhügel ihrer Mutter hinunter, doch ernste Trauer wollte sich nicht einstellen. Nur diese sentimentale Regung, die auch ein wenig Selbstmitleid enthielt.

Abends, als sie traditionsgemäß am Kamin saßen, sagte der Großvater: »Die politische Lage spitzt sich immer mehr zu. Wir driften ins Chaos. Die Radikalen links und rechts kochen groß ab. Keine günstige Situation für uns. Deine Großmutter als Britin hat den Weltkrieg unbehelligt hier auf Gut Thießendorf zugebracht. Aber inzwischen installiert sich eine Form von Nationalismus, der bösartig und blind ist.«

Die Großmutter fuhr fort: »Wir leben zurückgezogen. Für uns ist das gut und richtig. Aber du bist ein junges Mädchen, eine junge Dame, die unter Menschen sein sollte. In der richtigen Gesellschaft natürlich. Sogar gegen einen Ball ist nichts einzuwenden, wenn er in einem guten Rahmen stattfindet.«

»Ich habe schon Bälle mitgemacht, Großmutter.«

»O ja, das meine ich doch. Was würdest du sagen, wenn wir dich für einige Zeit zu Tante Elizabeth nach London fahren ließen? Sie lebt in der Stadt und wird sich um dich kümmern.«

»Großmutters Schwester führt dort ein großes Haus«, ergänzte der Großvater.

Alice zögerte. »Ach, ich weiß nicht …« Am liebsten hätte sie gesagt, sie wolle nicht in fremden, großen Häusern leben, sie suche eine Heimat, die Wärme einer Familie, Geborgenheit und Zuneigung. Aber sie unterdrückte diese Bemerkung.

Die Großmutter lächelte auf ihre abgemessene Art. »Mit einem Wort: Wir haben dich bereits bei Tante Elizabeth angemeldet. Sie ist, wie du weißt, viel jünger als ich. War das Nesthäkchen. Ihr Mann, Onkel Ben, den sie schrecklicherweise alle Big Ben nennen, ist ein erfolgreicher Bankier. Sie führen ein großes Haus. Und sie haben keine eigenen Kinder.«

Der Großvater schmunzelte. »Deine Großmutter und ich haben uns übrigens auf einem Ball in London kennengelernt.«

Alice wurde rot. Sie wußte, daß an ihren Aufenthalt in London der Wunsch und die Erwartung geknüpft war, sie möge dort den richtigen Mann treffen. Einen Mann aus erstklassiger Familie, damit der Makel wieder ausgelöscht war, den ihre Mutter mit ihrer sonderbaren Wahl der Familie aufgeladen hatte. »Wann werde ich reisen?« fragte Alice.

Die Großeltern atmeten sichtlich auf. Wahrscheinlich hatten sie gedacht, ihre Enkelin werde Schwierigkeiten machen oder zumindest an der Wahl des neuen Aufenthaltsortes herummäkeln.

»Wir dachten: in vier Wochen etwa, wenn es dir recht ist«, sagte Deborah Kellenhusen ungewohnt sanft.

»Schließlich möchten deine alten Großeltern auch einmal

etwas von dir haben«, fügte Heinrich Kellenhusen hinzu.

Alice war selbst überrascht, daß sie schlucken mußte vor Rührung. Natürlich, diese beiden Menschen liebten sie auf ihre Weise. Sie waren etwas hilflos jungen Leuten gegenüber. Ein Sohn war bereits als Kind an Diphtherie gestorben. Die Tochter hatte sie eines Vagabunden wegen verlassen. Nun war hier die Enkelin, die einzige Brücke für sie in die Zukunft. Sie wollten keine Fehler machen. Außerdem gewann jeder, der einige Zeit mit ihnen zusammen war, den Eindruck, hier seien zwei Menschen sich selbst genug.

So verlebte Alice einige friedliche Wochen auf Gut Thießendorf. Sie ritt den Braunen, ließ sich von der Förstersfrau Milch von der Ziege kredenzen, spielte mit den beiden winzigen Hündchen, die Dinah, die Jagdhündin, zur Welt gebracht hatte, und stiefelte mit ihrem Großvater über die Felder.

Es war schön. Es war wunderschön. Alice liebte das weite Land und das breite, behäbige Leben darauf. Sie setzte sich bei schönem Wetter auf einen Hocker in den Park, um einen blühenden Goldregenbusch in Wasserfarben zu malen. Sie sprach wieder Plattdeutsch mit den Leuten. Ihre Haut hatte ein frisches Braun angenommen. Madame Tissot wäre entsetzt gewesen. Sie fand Farbe einfach ordinär. Aber Alice blickte in den Spiegel und sah, daß es ihr stand.

Sie betrachtete sich aufmerksam. Die hohe, runde Stirn, die dunklen, feuchten Augen, sehr groß und lebhaft, die winzige Nase und den kleinen Mund mit den vollen, etwas aufgeworfenen Lippen, der tatsächlich an eine Frucht denken ließ.

Ihr Busen war nicht groß, aber hübsch rund, die Taille gertenschlank, die Hüften rundeten sich mit Maßen. Die Beine – o ja, die Beine! Hier war Alice sich ganz sicher: Sie waren besonders hübsch. Das hatten sogar ihre Klassenkameradinnen bestätigt.

Irgendwann wird es mir auch ein Mann sagen, dachte sie und errötete. François in Bern hätte es natürlich nie gewagt, über Beine zu reden. Doch Alice wußte, daß es Männer gab, die es taten. Richtige Männer. Erwachsene Männer. Ein Mann, der eine Frau liebte und an sein Herz nahm ... o ja! So einen Mann werde ich mir suchen, beschloß sie und plusterte mit beiden Händen ihre dunklen Locken auf. Ich werde ihm folgen, wohin er will. Und ich werde mich nicht beirren lassen. Von niemandem. Wie Mama!

Belinda im Internat, deren Mutter eine bekannte Schauspielerin war, hatte eine »dunkle Vergangenheit« gehabt, was immer das sein mochte. Jedenfalls hatte sie nur verächtlich gelächelt, wenn die anderen Mädchen über ihre Zukunftserwartungen geredet hatten.

Irgend jemand hatte behauptet, Belinda habe sich vom Freund der Mutter verführen lassen und sei mit ihm durchgebrannt. Ein alter Mann von vierzig Jahren! Das war doch ganz und gar unglaubhaft! Außerdem hätte man es Belinda ansehen müssen. Irgendwie lasterhaft wäre sie erschienen. Aber sie sah frisch und rosig aus wie ein Pfirsich am Morgen.

Trotzdem: Etwas hatte Belinda ihnen vorausgehabt. Dieses Lächeln vielleicht. Und ein Wissen, das sich manchmal in kurzen Sätzen niederschlug. »Mit einem Kuß fängt es überhaupt erst an, das ist sozusagen die Einleitung«, hatte sie gesagt.

Der Satz ging Alice nicht aus dem Kopf, und wenn sie daran dachte, fühlte sie angenehm erschauernd Erwartung und Erregung. Leidenschaft! Ich will es groß und leidenschaftlich, als eine lodernde Flamme, und wenn ich darin umkommen sollte – wie Mama, nahm sie sich vor.

Bevor Alice abreiste nach London, nahm ihre Großmutter sie noch einmal in die Mangel. »Du bist keine reiche Erbin, Alice, mein Kind, vergiß das bitte nicht. Wir haben Thießendorf in Pacht. Auch das bedeutet eine große Verpflichtung, vor allem den Leuten gegenüber, deren Existenz davon abhängt, daß sie eine gute Herrschaft haben. Wenn du und der Mann, den du hoffentlich einmal finden wirst – aber das hat ja noch Zeit –, Thießendorf nicht selber bewirtschaften wollt oder könnt, so muß hier ein tüchtiger Verwalter her. Unser junger Mecksiepen könnte vielleicht das Format haben. Er kommt aus guter Familie und ist schon sehr tüchtig. Wie gefällt er dir?«

»Mecksiepen?! O Großmutter, ich habe ihn gar nicht richtig angesehen. Er ist so ... so klein und rosig. Ich glaube nicht, daß ich ihn heiraten möchte.«

Jetzt wurde sogar Deborah Kellenhusen verlegen. »Alice, sei bitte nicht geschmacklos. Niemand erwartet, daß du Mecksiepen heiratest. Außerdem ist er verlobt, so viel ich weiß. Ich möchte nur wissen, wo man den jungen Damen heutzutage diese freien Töne beibringt. Eine junge Dame heiratet nicht, sondern sie wird geheiratet. Außerdem redet sie nicht davon. Wenn sie ihre Wahl getroffen hat, richtet sie es vorsichtig so ein, daß der Auserwählte ihr einen Antrag macht.«

»Und wie fängt sie das im einzelnen an, Großmutter?« fragte Alice interessiert.

Deborah Kellenhusen betrachtete kurz ihre bildhübsche Enkelin. Wie sie in solchen Augenblicken doch ihrer Mutter glich! Liebe und Besorgnis überfluteten das Herz der alten Frau. Sie wußte ja selber, wie schwer es war, die Wünsche und Hoffnungen im Zaum zu halten. Das Ungestüm der Jugend – wie schwer wog das. Und doch war es die Pflicht einer Frau, beherrscht und reserviert zu sein.

»Wie man es im einzelnen anfängt, das wirst du im rechten Augenblick schon wissen«, sagte sie. »Aber denke immer daran, mein Kind: Die Initiative übernimmt allein der Mann.«

Alice seufzte. »Hoffentlich finde ich so einen!« Und sie

dachte an François, und wie schüchtern er gewesen war. Den hätte ich doch nie dazu gebracht, sich zu erklären, dachte sie. Aber dann schob sie diese Gedanken von sich. Ich habe es natürlich auch gar nicht gewollt. Im Kino hat er viel zu laut gelacht. Und seine Hand war ganz feucht. Nein, nein, François war lieb, aber als Heiratskandidat unmöglich.

Bevor Alice abreiste, kam noch die Hausschneiderin. Stoffe wurden aus der Stadt geliefert. Modezeitungen waren zu prüfen. Selbstverständlich hatte Alice eine hübsche Garderobe aus der Schweiz mitgebracht. Bern lag schließlich nicht hinterm Mond. Aber nun war doch einiges zu ergänzen. Vor allem mußte ein Ballkleid her.

Frau Kellenhusen schwebte ein duftiges rosa Etwas mit weitem Rock und Rüschen vor, doch hier wurde Alice ungewohnt eigensinnig. Schließlich setzte sie ihre Vorstellung durch: reine, champagnerfarbene Seide, ganz glatt und schlicht obenherum verarbeitet, mit angeschnittenen Trägern. Der Clou war, daß der Rock hinten lang war und vorn nur bis zum Knie reichte. Wie ein Wasserfall wirkte das. Alice war begeistert.

»Findest du nicht, daß es ein wenig nach einem Bühnenkostüm aussieht?« fragte die Großmutter.

»Überhaupt nicht. Wir lassen doch die Schleife hinten weg. Eigentlich weiß ich aber gar nicht, wie ein Bühnenkostüm aussieht«, sagte Alice und hatte wieder diesen flammenden Ausdruck, der ihre Großmutter stets erschreckte.

Diesmal brachten beide Großeltern ihre Enkelin an die Bahn. Budder kutschierte die Droschke, mit der man auch sonntags zur Kirche fuhr, mit dem Schimmel und dem Braunen davor, die ihre gutgenährten Hinterteile vor den Herrschaften wiegten.

Der Abschied war beherrscht wie das Wiedersehen vor Wochen. Alice ließ sich umarmen, Großvaters Schnauzbart kitzelte ein wenig. Großmutter roch nach Lavendel.

Als der Zug bereits angebimmelt kam, umarmte die Großmutter sie noch einmal und sagte: »Ich bete für dich.«

Alice errötete über und über. Dies war sicher das größte Geschenk, das Deborah Kellenhusen ihr machen konnte. Noch später, als der Zug durch das flache Land fuhr und die Telegrafendrähte zu tanzen und zu schwingen schienen, gingen Alice die Worte nicht aus dem Kopf. »Ich bete für dich.« Sie hatte ein wenig Angst vor der neuen Fremde. Doch sie erwartete auch viel von ihr. Etwas Großes lag in der Luft, das spürte sie deutlich. Etwas wartete auf sie. Ich darf nur den richtigen Augenblick nicht verpassen, lieber Gott, hilf mir dabei, laß mich alles richtig machen, betete sie.

»Sagten Sie etwas?« fragte die Dame gegenüber in den grüngestreiften Polstern, die nach Mottenpulver, Staub und Seife rochen.

Wahrscheinlich habe ich unbewußt die Lippen bewegt, dachte Alice. Laut sagte sie: »Ich übte gerade einen englischen Satz. Glad to see you, Aunt Elizabeth, ob das wohl richtig ist?«

Die Dame zog die Augenbrauen hoch. »Das kommt ja wohl auf die Tante an, ob man froh ist, sie zu sehen, nicht wahr?«

»Ich kenne sie gar nicht.«

»Oh. Werden Sie abgeholt?«

»Selbstverständlich. Mein Onkel schickt eine Kutsche.« Aber so ganz sicher war sie doch nicht. Ja, während der Überfahrt wurde ihr sogar ziemlich bänglich zumute. Was war, wenn sie ganz mutterseelenallein in London saß? Sie hatte die Adresse ihrer Verwandten und die eines seriösen Hotels – für alle Fälle. Aber bisher hatten immer Erwachsene sie gelenkt und geleitet. Nun, wahrscheinlich würde Onkel Ben da sein. Sie schob ihre Bedenken möglichst weit weg. Schwer fiel es ihr nicht, war doch alles neu und aufregend bei ihrer ersten Schiffsreise.

Als sie in Bremerhaven an Bord gegangen war, hatte ihr Herz heftig geklopft. Das Schiff lag ruhig, aber würde es so bleiben? Und wie fand man seine Kabine? Wie den Speisesaal? Was trug man zum Dinner? Wer würde mit am Tisch sitzen?

Als sie an der Reling lehnte, während die Kapelle »Muß i denn zum Städtele hinaus« spielte und die zurückbleibenden Leute winkten und weinten oder Mützen in die Luft warfen und jubelten, sah Alice dezent nach links und rechts. Auch hier ähnliche Mienen: übermütig oder tieftraurig. Mit dem Schiff fortfahren, das konnte Abenteuer und Aufbruch ins Neue bedeuten, aber auch Abschied für lange, vielleicht für immer. Denn ihr Schiff fuhr über England weiter nach New York.

Alice fand das Leben an Bord elegant und spannend. Ihre Kabine wurde ihr von einem aufmerksamen Steward gezeigt. Bei Tisch saß sie mit zwei jüngeren und einem älteren Ehepaar zusammen, die freundlich reserviert waren und blieben.

Abends lustwandelte sie, wie andere auch, auf dem Promenadendeck. Sie bemerkte wohl die anerkennenden Blicke der Männer. In ihrem Kasack aus hellbraunem Seidensamt zum Rock aus Wollvelours, der eine Nuance heller war, dazu ein weißes Seidentuch lose über dem schwungvollen Bubikopf, sah sie wirklich zum Anbeißen aus.

In mehreren Räumen spielten Kapellen. Wie gern wäre Alice dabei gewesen, doch sie traute sich nicht. Eine junge Dame allein mußte sehr zurückhaltend sein. Das war ihr bereits bei Madame Tissot beigebracht worden.

Es war inzwischen dunkel geworden. Das Schiff zog seine Bahn wie eine hell erleuchtete, glitzernde Märcheninsel. Alice trat noch einmal hinaus und atmete tief ein.

Ein frischer Wind wehte und preßte ihr den Rock gegen

die Schenkel. Sie zog ihren weißen Seidenschal eng um den Kopf und sah zum Himmel auf, über den eilige Wolken segelten, grau und dick. Wie Bühnenvorhänge gaben sie Sterne, Mondsichel und ein Stück Milchstraße frei.

Es war kalt geworden. Alice erschauerte und wandte sich zum Gehen. Da sah sie direkt in seine Augen. Er stand etwa zwei Meter entfernt von ihr. Blond, groß, mit breiten Schultern. Eine Lampe warf ihren Schein direkt auf sein Gesicht. Er blickte sie an und lächelte. Dabei kniff er die Augen zusammen, so daß sich ringsherum Fältchen zeigten. Obwohl er sehr jung zu sein schien, wirkte er männlich und überlegen. Das mochte an seiner Figur liegen. Große Männer mit breiten Schultern hatten es immer leichter als andere, tonangebend und bestimmend zu sein. François war mittelgroß gewesen.

Sicher ein Engländer auf der Rückreise. Oder ein Amerikaner? Es waren viele englischsprechende Leute an Bord, Amerikaner nicht zu knapp. Es war Mode, sich Europa anzusehen mit den guten Dollars in der Tasche. Dieser Mann trug zu karierten Hosen und weißen Gamaschen ein Jacket in Crème und eine gepunktete Fliege. Es war jedenfalls nicht die Art von Kleidung, die Deutsche oder Briten bevorzugten. Dies alles geisterte durch Alices Kopf, aber nur halb bewußt, indem sich in ihrem Körper plötzlich Hitze ausbreitete.

»Schade, daß Sie sich bewegt haben. So wie Sie da standen, hätte ich Sie gern gemalt. Es sah wunderschön aus«, sagte er. Jawohl, er sprach ein wunderliches Englisch, sehr breit, aber mit ganz leichtem französischen Einschlag.

Alice erinnerte sich krampfhaft an ihre gute Erziehung. Meine Güte, ich werde mich doch jetzt nicht blöde zeigen wie das dämlichste Provinzgänschen, dachte sie. »Sind Sie denn Maler?«

So, das war doch einigermaßen schlagfertig gewesen. Auf Phrasen antwortete man am besten mit einer entlarvenden

Gegenfrage. Zu Alices Überraschung antwortete er jedoch: »Noch nicht. Aber ich werde einer. Bin auf dem besten Wege dahin.«

»In England?«

»Nein. Dort habe ich eine andere Mission zu erfüllen. Wollen wir tanzen?«

»Ich ... äh ...« Ach, Madame Tissot, wie verhielt sich eine junge Dame in solcher Situation?

»Sie frieren ja! Gehen wir schnell hinein. Aber vorher, verzeihen Sie mir bitte, ich kann nicht anders – sehen Sie den Stern dort?« Er zeigte zum Himmel.

Alice guckte gehorsam in die Richtung. »Welchen?«

»Den dort! Der so heftig funkelt.«

Sie hatte den Kopf ein wenig in den Nacken gelehnt und den Mund leicht geöffnet. Flüchtig sah sie den Stern, dann hatte der fremde Mann sie schon im Arm, und sie fühlte seine Lippen auf den ihren. Was machte er denn mit der Zunge?!

Alice war einer Ohnmacht nahe. Am liebsten hätte sie sich hinsinken lassen. Er zog sie noch enger an sich. Sie gab nach, spürte seinen Schenkel zwischen ihren Beinen, und das Meer und die Dunkelheit schlugen über ihr zusammen.

Er ließ sie los und sah ihr in die Augen. »Wie heißen Sie?«

»Alice.«

»Ich heiße Jim Rockwell.«

Als Alice ihren Namen aussprach, ging es wie ein elektrischer Schlag durch ihr Bewußtsein. Alice! Sie glaubte förmlich Großmutters besorgte Stimme zu hören oder Madame Tissots mahnenden Tonfall. Alice! Tief in ihr saß die Angst, die Großmutter ihr mit forschenden Blicken und betont gemessener Erziehung übermittelt hatte: daß da etwas brodelte, das unterdrückt werden mußte. Daß es Strafe, Unglück und Tod brachte, wenn man es auslebte. Strafe, Unglück und Tod, wie für ihre Mutter.

Mit einem Ruck riß sie sich los. Wie gehetzt rannte sie zur Tür, die ins Innere des Schiffes führte, öffnete sie mit aller Kraft, eilte über Gänge und Treppen, als sei der Teufel hinter ihr her. Ein Teufel namens Jim.

Dann wurde ihr klar, daß sie erstaunte Blicke erntete. Niemand tat ihr etwas. Ein junger Mann hatte sie geküßt. Wenn sie ihn dazu herausgefordert hatte, so doch bestimmt ohne Absicht. Also, was war im Grunde passiert? Gar nichts. Gar nichts – außer diesem sonderbaren Ziehen in den Gliedern und im Bauch, diesem irren Herzklopfen, der beunruhigenden Schwäche in den Knien, die sicher nicht nur vom Rennen kam. Bei François hatte sie diese Symptome jedenfalls nicht gehabt.

Alice zog sich in ihre Kabine zurück und blickte durch das runde Fenster hinaus auf die gleichmäßig brodelnde See. Ich bin jung. Das Leben ist aufregend. Es gibt vieles, das man auch im besten Internat nicht lernt. Ich werde ins Bett gehen und noch ein bißchen lesen. Das Leben ist schön!

Aber nachts erwachte sie mit einem unbekannten, ängstlichen Gefühl. Das Schiff neigte sich jetzt leicht von einer Seite auf die andere. Draußen war es dunkel. So fremd und fern von jeder Bindung hatte Alice Kellenhusen ihr Dasein noch nie empfunden. Ob es ihrer Mama wohl manchmal so ergangen war? Im Wohnwagen zwischen zwei fremden Orten unterwegs, von unbekannten Leuten zu anderen Unbekannten?

Aber sie hatte ja meinen Vater, dachte Alice. Ihren Mann, der sie beschützte und zärtlich liebte. Dem zuliebe sie alles im Stich gelassen hatte, sogar ihr Elternhaus. Oh, sie muß ihn sehr geliebt haben. Unendliche Sehnsucht erfüllt jetzt deine Tochter, Mama! Ich sehne mich nach einer großen Liebe. Auch ich würde mit dem geliebten Mann bis ans Ende der Welt gehen, wenn er es will. Aber ich bin allein. Schrecklich einsam und voller Angst vor dem Neuen, das auf mich wartet. Ob ich überhaupt jemals einen richtigen Mann kennenlerne, der etwas von mir wissen will? Ich bin kein Aschenputtel, und er braucht kein Prinz zu sein. Aber eins ist sicher: Jeden Durchschnittsmann nehme ich nun doch nicht! Und auch keinen Wüstling!

Je näher das Schiff dem Hafen kam, desto unruhiger wurde Alice. Jetzt verließ sie beinahe die Sorglosigkeit der Jugend, die darauf vertraut, daß sich das meiste von selber regelt.

Aber ihre Unruhe war umsonst gewesen. In Portsmouth erwartete sie Tante Elizabeth. Der Blonde, der sie geküßt hatte, blieb unsichtbar.

Alices Name wurde durch ein Megaphon ausgerufen. Sie meldete sich, und dann fühlte sie sich umarmt von einer erschlagend eleganten, in eine Wolke von Blumenparfüm und Zigarettenaroma eingehüllten Dame und überschüttet mit einem Strom englischer Sätze in dem etwas schrillen, nasalen Ton, den britische Ladies pflegen.

Alice war erstaunt. Tante Elizabeth – »Please, call me Bettie, my dear!« – also Tante Bettie hatte mit Alices Großmutter überhaupt keine Ähnlichkeit. Erstens war sie wirklich viel jünger. Zweitens kleidete sie sich nach der letzten Mode. Ihr Rock war gestuft und an den kürzesten Stellen knapp knielang! Außerdem sah Alice bei ihr den ersten Blaufuchs ihres Lebens. Das Fell mit Schwanz und Glasaugen im sorgfältig präparierten Kopf hing üppig um Betties Schultern.

Noch überraschender war es, daß Tante Bettie die Großnichte im eigenen Auto abholte. Das Maybach-Cabriolet war hinten geschlossen, und vorn war eine Art Plane aufgerollt worden.

Auf dem Rücksitz tobten und kläfften drei winzige weiße Malteserhündchen, deren Pony-Haare mit roten Schleifchen aus dem Gesicht gebunden waren. Bettie Neary pfefferte ihren Blaufuchs neben sich, als sie hinter dem Steuer Platz nahm. Alice sprang hinein und ließ sich auf das Polster fallen, während Bettie schon den zierlichen Fuß aufs Gaspedal drückte. Ihr Rock war über den halben Schenkel hochgerutscht. Alice staunte. Durfte eine Dame denn so dasitzen? Daß man die fleischfarbenen Seidenstrümpfe so sah? Madame Tissot wäre wohl in Ohnmacht gefallen bei dem Anblick. Und Großmutter – hier mußte Alice lächeln – hätte ihre Enkelin ganz sicher nicht zu einer Dame reisen lassen, die sich derartig freizügig benahm. Nun, es waren ja keine Männer anwesend.

Bettie hatte die Kleine kurz mit einem Seitenblick gestreift. »Du lächelst. Sehr gut«, stellte sie fest. »Man sollte das Leben nicht tragisch nehmen.« Sie war angenehm überrascht. Hatte sie doch befürchtet, hier ein häßliches Internatsentlein mit gehemmtem Wesen unter ihre Fittiche nehmen zu müssen.

Diese Alice war jedoch wirklich hübsch. Mit etwas mondäner Nachhilfe würde sie durchaus Aufsehen erregen in der Londoner Debütantinnenszene. Natürlich, da war ja auch dieser Skandal mit ihrer Mutter gewesen. Ein Zirkuskind. Ein Kind der Liebe. So etwas ging doch nicht spurlos vorüber. Hoffentlich war sie nicht zu leichtsinnig, denn dann konnte man lieber einen Sack Flöhe hüten als ein lebhaftes junges Mädchen, das etwas erleben wollte.

Nun, man würde sehen. Noch war Zeit. Vor dem Herbst begann die Ballsaison nicht. Der Vater der kleinen Alice war ja wohl ein halber Italiener gewesen. Immerhin hat sie aber auch ein wenig britisches Blut von unserer Seite her, dachte Bettie.

Sie und ihr »Big Ben« hatten sich anfangs Kinder gewünscht, doch nachdem sie drei Fehlgeburten gehabt hatte, waren sie eben zu zweit geblieben. Es war nett, nun plötzlich ein junges Mädchen »zum Betutteln« zu haben.

Die Nearys bewohnten eine geräumige Stadtvilla. Sie lag zurückgebaut am Regent's Park. Das Personal war in der Halle aufgereiht, um unter Führung des Butlers den Hausgast

Miss Alice Kellenhusen willkommen zu heißen.

Abends kam Onkel Ben nach Hause. Er war in der Tat hochgewachsen und schlank, mit einem zerfurchten Pferdegesicht, langen Zähnen und spärlichen, grau-blonden Haaren. Wenn er lachte, sah er aus, als ob er beißen wolle. Aber er war sehr nett. Beim Dinner fragte er Alice: »Nun, was möchtest du denn als erstes unternehmen bei uns in London?«

Bettie lachte. »Ich habe schon viele Pläne gemacht, Besuche, Einkäufe, Themsefahrt, Reise nach Margate zum Baden, ach, so vieles!«

»Du mußt Alice aber fragen, ob sie zu allem auch Lust hat«, ermahnte Ben seine lebhafte Frau.

»Hast du Lust, Alice?«

»Ja, natürlich, sehr! Ich bin überaus dankbar für eure Fürsorge.«

»Aber das bedeutet gar nichts. Wenn du noch eigene Vorschläge hast – bitte, heraus damit!«

Alice druckste ein wenig, dann sagte sie entschlossen: »Wenn es geht, möchte ich auch, irgendwann, es eilt natürlich überhaupt nicht, gern einmal in den Zoo gehen!«

Bettie lachte perlend. »Ist sie nicht süß?« fragte sie ihren Mann, der ebenfalls schmunzelte. »Ich lege ihr die Londoner Gesellschaft zu Füßen. Und was wünscht sich das Kind? Einen Besuch im Zoo! Ach, das ist wirklich erfrischend. Nein, Alice, du brauchst nicht rot zu werden. Ich finde es reizend, ganz reizend. Selbstverständlich gehen wir auch in den Zoo ... eines Tages.«

Sie wissen ja nicht, was mir ein Zoobesuch bedeutet, können es nicht wissen, dachte Alice. Zoo und Zirkus, irgendwie haben sie etwas gemeinsam. Es ist, als ob ich dort meinen Eltern näher wäre. Aber das verrate ich natürlich nicht!

3

Im Londoner Zoo war der Bär Kitchener längst eine Institution geworden – wie Nessie, das Ungeheuer vom Loch Ness, oder wie Robin Hood, der Rächer der Entrechteten. Und der »Regimentsbär« hatte einen unschätzbaren Vorteil: Es gab ihn wirklich! Er konnte besucht und besichtigt werden. In den Sommermonaten marschierte er würdevoll im Freigelände umher zwischen seinen Damen.

Es waren drei oder vier Bärinnen, je nachdem, ob eine gerade mit ihrem Nachwuchs beschäftigt war oder nicht. Meistens trotteten nur drei Damen übers Gelände.

Erst mit fünf Jahren hatte Kitchener von seinem Recht als Eheherr Gebrauch gemacht. Vorher hatte es wohl Plänkeleien gegeben, aber sein Geschlechtstrieb war noch nicht voll erwacht.

Seine Favoritin hieß Rose. Kitchener hatte es sich bei der Brautschau insofern einfach gemacht, als er abwartete, welche Bärin in den langwierigen Kämpfen um die Spitzenrolle in der weiblichen Rangordnung siegte. Nun, Rose hatte gewonnen. Sie war ein temperamentvolles, äußerst kampflustiges und stolzes Bärenweib. Eine Aufgabe für einen gestandenen Bären wie Kitchener.

Doch Rose kannte ihre Grenzen. Dieser ausgewachsene Kerl, der so ruppig zärtlich zu ihr war, mußte ihr Herr sein.

Sie wußte es instinktiv, und die Zooherren hätten es ihr bestätigen können: Ein einziger Schlag mit seiner Pranke hätte sie zerschmettert. So ließ sie sich von ihm heftig kosen und erwiderte seine Leidenschaft mit Maßen, wie es ihr zukam als Siegerin der Damenriege. Denn ihren Rivalinnen gegenüber setzte sie durchaus die scharfen Krallen, die kräftigen Pranken und die starken Zähne ein. Sie alle wußten, wo sie rangierten. Erst kam Kitchener, dann Rose, die ihrem poetischen Namen eigentlich wenig Ehre machte, dann May, Mona und als Schlußlicht Cynthia, die, obwohl sie doch ein Mädchen war, für alle den Prügelknaben abgeben mußte.

Eigentlich liebten sie sich alle nicht sehr. In der freien Natur wären sie Einzelgänger gewesen. Hätten sich allenfalls zufällig versammelt, wenn irgendwo reiche Beute lockte.

Hier im Zoo gingen sie vorsichtig miteinander um. Jedes Tier hielt seinen Spielraum ein, selbst das jeweils stärkere beschränkte sich klug. Sie interessierten sich im Grunde nicht füreinander, die großen braunen Teddybären, die sich so drollig auf die Hinterbeine stellen konnten, wenn ihr Wärter ihnen nachmittags das Futter zuwarf oder an Stangen hinschob, darunter auch die Spenden ihrer Dauerbesucher, die sich extra um sie kümmerten und ihnen Leckerbissen mitbrachten. Die gaben sie beim Wärter ab, der sonderbarerweise Bear hieß, und man wußte nicht, ob das nun reiner Zufall war oder ob der Name ihn in seiner Berufswahl beeinflußt hatte.

Mr. Bear liebte seine Bären. Ob sie ihn liebten, konnte keiner mit Sicherheit sagen. Sie hatten kein Mienenspiel. In den Backen und Stirnen saßen keine Muskeln, mit deren Hilfe sie Lachen oder Wut oder Zuneigung hätten zeigen können. In der freien Natur brauchte ein Bär keine Mimik. Er lebte allein und wollte sich auch keineswegs mit Artgenossen anfreunden. Wozu also?

Nun, es gab schon eine Zeit, in der sie sich gern mitgeteilt hätten. Wenn der erwachsene Bär auf die Bärin traf und die Liebe ihn wie ein Gewitter überkam, dann fehlte ihm die Kunst, geschmeidig-liebevoll zu wirken.

So erging es auch Kitchener, als er plötzlich von einer nie geahnten Leidenschaft zu Rose ergriffen wurde. Und Rose, die Jungfräuliche, war ebenfalls ganz hingerissen von diesem Kerl, der auf sie zukam und sich vor ihr erhob. Da erhob sie sich gleichfalls, richtete sich hoch auf. Ein Naturereignis nahm seinen Lauf. Das Liebesspiel glich anfangs eher einem erbitterten Ringkampf. Rose war vom Umgang mit ihren Artgenossinnen her an Siege gewöhnt. Kitchener hatte noch nie eine Niederlage erlitten.

So rangelten sie und drückten und schoben. Sie umklammerten sich mit ihren Vorderpranken und setzten ihre Muskeln ein. Sie glichen aufs Haar zwei Kämpfern im Ring. Es fehlte eigentlich nur noch der Schiedsrichter, der das Spiel leitete. Doch daran wäre nicht zu denken gewesen. Nicht im Sturme dieser Leidenschaften.

Selbst Mr. Bear, der sich sehr oft über die strengen Dienstanweisungen hinwegsetzte und das Gelände betrat, um sauber zu machen, ohne die Bären vorher in ihre Innenräume umdirigiert zu haben, hielt sich so fasziniert wie vorsichtig in sicherer Entfernung auf.

Ja, Kitchener war plötzlich für Rose entflammt, wußte aber nicht, was mit ihm geschah. Doch als er da so mit ihr auf Fellfühlung war und ihre lieblichen Tatzen ihn umklammerten, da ergriff ihn überwältigende Leidenschaft, und unendliche Zärtlichkeit rauschte durch seine Adern.

Rose kämpfte noch erbittert, hatte den Sinneswandel noch nicht bemerkt. Er biß sie nicht, wie er's sonst getan hätte. Nein, er tätschelte sie mit den Pfoten. Er lehnte seine Backe an ihre und rieb sie schmusend, er streichelte sie, und Rose reagierte. Aus der wilden Penthesilea wurde das lockende Weib, das dem ewigen Instinkt folgte, zärtlich und aufreizend zu sein. Und sie machte es gut.

Kitchener segelte auf einem Meer von Wonne. Sein Schiff hatte Masten aus Gold und Segel aus Purpurseide und einen Rumpf aus silbernen Sternen. Er war nicht mehr Kitchener, der Regimentsbär, die Attraktion für Zoobesucher, sondern eine lodernde Fackel, ein Instrument der großen Schöpfung.

Es gab nur noch Rose und Kitchener, Kitchener und Rose. Ja, es war Frühling. Draußen im Land und drinnen im Herzen. Die Bärenromanze war ungeheuer und leider auch vergänglich wie die meisten großen Romanzen. Sie währte drei Wochen, und drei Wochen können bekanntlich sehr lang sein, manchmal länger als ein ganzes Leben.

Dann trollte Rose sich wieder, und Kitchener zog sich vornehm neben seinen Lieblingsfelsen zurück. Sage keiner, die Affäre sei letztlich zu nichts gut gewesen. Und wie gut sie war! Drei Bärenbabies warteten jetzt auf ihren Auftritt in der Welt.

Kitchener, wie gesagt, war eine Berühmtheit. Natürlich wurde die Nachricht von seiner Liebe groß aufgemacht in den Zeitungen. Die Reporter hatten sich mit ihrem Gespür für das Skurrile der ganzen Geschichte längst auf diesen alten Haudegen kapriziert. Denn er war ja nicht, wie andere Zootiere, ein Tier ohne Hintergrund. Nein, in Kanada marschierte ein ganzes Regiment sozusagen hinter ihm her. Er war immer noch das offizielle Maskottchen des 159. Infanterieregiments von Ontario.

Und wenn er auch nicht leibhaftig bei ihnen sein konnte, so hatte der scheidende Oberst Perkins doch noch etwas durchgesetzt, was ihn schon zu Lebzeiten unsterblich machte: Er war in das Regimentswappen aufgenommen worden! Zu Ahornblatt und Fanfare kam nun noch ein Bärenkopf im Wappen.

Die feierliche Wappenweihe mit Aufmarsch, Ansprachen und einem »Football-Turnier um den Kitchener-Pokal« war ein großes Ereignis gewesen. Da sich gerade ein britischer Reporter in Ontario umgesehen hatte, waren die Fotos und Berichte auch groß in den englischen Zeitungen erschienen.

Die Briten schmunzelten. Sie hatten viel Sinn für solche

kauzigen Aktionen.

Die Boulevard-Gazetten versäumten auch nie, die alljährlichen »Gesundheitsbulletins« abzudrucken, die Mr. Bear und Chuck Brady, der Bärenexperte des Londoner Zoos, gemeinsam verfaßten. Da erhielt das 159. Infanterieregiment dann also genaue Kenntnis über den Zustand, kleine Unpäßlichkeiten, Wachstum und Befinden seines Maskottchens. Zur Ehre des Regiments muß gesagt werden, daß es seinen Zahlungsverpflichtungen ebenfalls prompt nachkam.

Als Kitchener sich in Rose verliebte und sie einundzwanzig wilde Tage und Nächte lang in Atem hielt, da wurde dieses Ereignis selbstverständlich außer der Reihe mitgeteilt.

Sofort verfügte Oberst Powell, der »Luckie« Perkins abgelöst hatte, Extra-Stadtgang für alle. Außerdem wurde ein Telegramm verfaßt und nach einem kräftigen Griff in die Kasse abgeschickt.

Die Direktion des Londoner Zoos war nicht besonders erstaunt. Die Verrückten aus Kanada sorgten schließlich mit ihren komischen Einfällen auch für Publicity und damit für steigenden Verkauf von Eintrittskarten. Was hätten die Herren dagegen haben sollen?

Das Telegramm wurde also an Chuck Brady weitergereicht, der es seinerseits mit steinerner Miene Mr. Bear übergab mit den Worten: »Telegramm für Kitchener. Lesen Sie es ihm bitte laut vor! Ich schlage als feierlichen Termin morgen, zehn Uhr, vor.«

Mr. Bear atmete scharf ein, sagte aber nichts. Er war eben der einzige weit und breit, der etwas von Bären verstand. Er wußte, daß Kitchener ein Töpfchen Honig auf alle Fälle lieber war als ein dämliches Telegramm. Einen Käse machte der sich aus seinem alten Regiment. Doch wenn die unbedingt wollten und da sie schließlich auch berappten ... warum nicht? Ordnung mußte sein.

So stellte sich am anderen Morgen Mr. Bear feierlich vor

dem Bärengehege auf. Er hatte sich extra eine neue Schürze umgebunden, das war eine prima Idee gewesen, denn Chuck Brady hatte pfiffig die Presse verständigt. So warteten schon einige Lokalreporter, vorwiegend Volontäre, die sich hier ihre journalistischen Sporen verdienen konnten.

Mr. Bear holte Luft, hielt sich den langen Wisch vor die Augen und las mit der Stimme eines kommandierenden Feldwebels: »Glück und Segenswünsche zur Hochzeit *stop* Hoffen, daß die Wahl glücklich ist *stop* Feiern in Gedanken mit *stop* Unser Regimentstambour hat einen Kitchener-Marsch komponiert *stop* William Rockwell hat einen zweiten Sohn namens Percy *stop* Guten Rutsch ins Eheleben *stop* Sei nicht zu wild, aber auch nicht zu schüchtern *stop* Ein alter Soldat und Frontkämpfer kennt keine Niederlage *stop* In diesem Sinne gratulieren alle Offiziere und Männer des 159. Infanterieregiments von Ontario, vertreten durch Oberst Powell und deinen alten William Rockwell.«

Kitchener war herumgetrottet, und niemand glaubte im Ernst, er habe zugehört. Doch dann kletterte er plötzlich auf seinen Felsen und legte sich auf das Plateau. Er bettete die feuchte, spitze Schnauze auf seine Tatzen und gab ein sonderbares, helles Greinen von sich. Die Reporter waren gerührt. Verstand das Tier wirklich etwas? Litt es unter der Trennung von den alten Kameraden? Verschleierten sich jetzt nicht auch Kitcheners Augen? Und klang dieser helle Laut nicht wie ein Wimmern?

Am Abend stand in einem Boulevardblatt die Überschrift: »Kitchener weinte, als er das Telegramm erhielt.« Und eine Regenbogengazette entwarf gar die Zeile: »Kitchener schluchzte vor Heimweh!«

Die Besucher strömten nur so. Die alte Dame, die ihn ohnehin täglich besuchte, um ihm Leckereien und zweimal wöchentlich einen Pudding zu bringen – sie wurde deshalb die »Pudding-Lady« genannt –, gab Interviews. Sie sagte,

Kitchener sei im Grunde sehr gern in London. Aber natürlich reagiere er mit Rührung auf diese Nachricht von seinen alten Kumpels. Jedem Menschen würde es doch auch so ergehen. Daß Kitchener glücklich sei, das könne jedes Kind erkennen. Die Direktion des Zoos war ihr richtig dankbar.

Allmählich verschwand Kitchener wieder aus den Nachrichten, wie es immer so geht. Sein Leben normalisierte sich wieder. In der schönen Jahreszeit war er draußen. Auch im Winter liebte er die frische Luft.

Mr. Bear hatte bereits sein Frühstück drinnen hingestellt, wenn der neue Tag begann. Jeder Petz hatte seine eigene Futterstelle, und da hielt man sich streng ans Reglement. Eigentlich hätte Mr. Bear nun den Schieber nach draußen schließen müssen, um in aller Ruhe auf dem Gelände sauber machen zu können. Doch das tat er nicht. Er ging vielmehr furchtlos zwischen seinen Bären umher. Sicher, es hatte in anderen Zoos schwere Unfälle gegeben, weil der Wärter seine Gefährdung unterschätzt hatte. Doch Mr. Bear war überzeugt: Er kannte sein Völkchen genau. Wenn allerdings Mr. Brady oder ein anderes leitendes Mitglied des Zoos erschien, dann wurde selbstverständlich alles ganz vorschriftsmäßig gehandhabt. Die Herren schmunzelten, und Mr. Bear gestattete sich auch ein winziges Grinsen. Bescheid wußten alle, aber die Form mußte gewahrt bleiben.

Immer hatte Mr. Bear auch frisches Wasser hingestellt. Sonderbarerweise tranken die Bären jedoch lieber aus dem Wassergraben, schlürften behaglich das etwas schmuddelige Naß, anstatt das hygienisch einwandfreie Wasser aus dem Napf zu saufen. Sie mochten Wasser lieber als Bach oder Fluß, das stak ihnen noch von ihren Ahnen her in den Knochen. Wenn Kitchener ein bißchen ausruhen wollte, zog er sich gern in seine Schlafhöhle zurück, wo er sich gemütlich zusammenrollte und selig pennte, träumte, ein wenig grunzte und dem Urbild eines schmusigen Kinderzimmerteddys recht ähnlich war.

Doch wehe, eine der Bärendamen hätte sich in seiner Höhle gemütlich einrichten wollen! Es wäre vielleicht das Ende ihrer Tage gewesen. Auf jeden Fall hätte der Tierarzt Arbeit bekommen. Denn sein Revier bewachte und verteidigte Kitchener leidenschaftlich.

Wenn er schon kein gewaltiges Jagdgebiet sein eigen nennen durfte, so wollte er wenigstens sein kleines, eigenes Reich haben. Zum Glück ging es den Bärinnen im allgemeinen genauso. Deshalb kamen sie sich selten in die Quere. Abgesehen natürlich von Roses und Kitcheners leidenschaftlicher Romanze, die im Mai begann und im Juni vergangen war mit dem milden Sommerwind.

Am Ende ihrer kurzen Winterruhe, im Januar, bekam Rose ihre drei Bärchen. Sie sahen allerdings eher wie nackte Ratten aus. Aber das machte nichts. Rose zeigte sie ohnehin nicht herum, sondern hielt sie streng abgeschieden unter Aufsicht. Noch waren sie hilflos.

Doch nach drei Monaten war es soweit: Rose machte mit ihrem und Kitcheners Nachwuchs den ersten Ausflug in die warme Frühlingssonne.

Drei drollige Kugeln wuselten hinter der Mama her und waren so rund und babyhaft, daß sie nur immer zum Knuddeln und Streicheln einluden.

Das jedoch hätte Rose nie gestattet. Im Gegenteil: Sie bewachte ihre Babies eifersüchtig. Selbst Mr. Bear kam nicht an sie heran.

Rose war vor der Niederkunft bereits abgesondert worden. Sie hatte nun ein Jahr lang ihr eigenes Areal, denn wenn sie auf einen anderen Bären gestoßen wäre, vielleicht gar auf Kitchener, den Vater ihrer Kinder, hätte sie sofort und blindlings angegriffen. Und Kitchener, der starke Kerl, hätte sie getötet. Und die Jungen auch.

Er war ein ziemlich gutmütiger Bursche, in Gefangenschaft aufgewachsen, erprobt in Kameradschaft mit Menschen. Doch seine Natur blieb ungebrochen. In Grenzsituationen regten sich die Urinstinkte. Dann wurde er zum Kämpfer. Mit Behagen fraß er im Zoo seine Pflanzenkost-Menüs, verdrückte Gemüse, Obst, ein bißchen Gras, Brot und Brötchen und die leckeren Desserts.

Ohne Schwierigkeiten hätte er jedoch auch jederzeit ein Tier reißen können, wenn's ihm nötig erschienen wäre. Er war angepaßt, aber nicht wirklich gezähmt.

So kam es, daß Kitchener seine Sprößlinge niemals zu Gesicht bekam. Der Tag, an dem er erstmals Vater wurde, war für ihn ein Tag wie jeder andere.

Nicht so für das 159. Infanterieregiment von Ontario. Dort gab es nach Erhalt der Nachricht in der Kantine Freibier. Auf den Gebäuden der Kaserne wurde die kanadische Flagge gehißt. Es gab verlängerten Ausgang bis zum Morgen. Alle Soldaten trugen ihre gebürstete Ausgehuniform mitsamt den gewienerten Schuhen. Der Tag ging als »Bärenhochzeit« in die Annalen des Regiments ein.

Es darf nicht verschwiegen werden, daß Kitchener nicht treu war. Ein Jahr Trennung, das ist viel für einen erwachsenen Bären, der auf den Geschmack gekommen ist. Zumal ja nette Bärinnen herumliefen in Schnupper- und Sehweite und es wieder Mai wurde und dann wieder und wieder. Die Jahre gingen ins Land.

Die Zeit verging für alle. Auch für Kitcheners Freunde aus kriegerischen Tagen.

Der alte Oberst Perkins war verwitwet und hatte sich auf Prince Edward Island zurückgezogen, wo sein ältester Sohn auf der Farm der Familie die rotschaligen Kartoffeln zog und das Meer an den silberweißen Sandstrand schwappte, wo man angeln konnte und in die Ferne blicken oder auch einmal in Charlottetown alte Freunde besuchen, manchmal sogar ins Theater gehen.

Auch sein Adjutant Clark hatte den Dienst längst quittiert und war total von der militärischen Bühne abgetreten. Er ließ sich weder sehen noch von sich hören. Auch den Kitchener-Kult machte er nicht mit, aber schließlich hatte er sein Herz nie für den Regimentsbären erwärmen können.

Dick Powell, der tüchtige, schneidige Offizier mit hohen Frontauszeichnungen, war schnell avanciert und stand nun als relativ junger Oberst an der Spitze des Regiments.

William Rockwell hatte seine Pläne wahrgemacht. Ja, alles, wovon er in Frankreich geträumt hatte, was ihm als liebliche Fata Morgana nur vorschweben konnte, als er frierend und naß und vor Angst erstarrt dem Tod so nahe gewesen war, hatte sich für ihn erfüllt. Und er vergaß nie, dafür dankbar zu sein. Jedenfalls fast nie. Wenn er es nämlich doch einmal vergaß, brauchte er nur eine Sekunde innezuhalten, und die Verzweiflung von damals kam in ihm hoch.

Nie würde er den Augenblick vergessen, als der Zug in Sarnia einfuhr. Sein Herz, das so vielen Attacken getrotzt hatte, schien versagen zu wollen. Es tobte in seiner Brust, setzte aus und trommelte wie Artillerie. Auf dem Bahnsteig war die Feuerwehrkapelle angetreten. In ihren Uniformen sahen die alten oder sehr jungen Männer, die nicht im Krieg gewesen waren, hinreichend zackig aus. Kleine Mädchen schwenkten Fähnchen. Einige hatten Blumensträuße. William konnte zuerst gar nicht glauben, daß der ganze Aufwand ihm galt.

Aber ja! Als er aus seinem Abteil kletterte, schrien die Leute auf dem Bahnsteig »Hurra!«. Dann sah er Jenny, und die Welt schwankte einen Augenblick lang.

Jenny stand da und sah so zierlich und entzückend aus wie immer und auch genau wie in Williams Vorstellungen während der furchtbaren Zeit. Neben ihr hatte sich ein großer Bengel aufgebaut, größer als sie, irgendwie männlich. Das konnte doch wohl nicht sein kleiner Junge Jim sein?! Und was da an Jennys Hand trippelte, goldblond und rotbäkkig, in einem rosa Kleid, das war natürlich Lucille!

Dies alles erfaßte und registrierte William unbewußt, denn er war schon durch die schmale Gasse, die die Leute ließen, zu seinen Lieben hingestürzt und hatte seine Frau umarmt, ans Herz gedrückt, als wolle er sie zermalmen, und sie piepste mit ganz kleiner, heller Stimme: »William, Liebster«, und dann hatte Lucille ihn schon am Rockschoß und zupfte und krähte: »Daddy!« Er lächelte Jenny unter Tränen an. Ein Schluchzen stieg auf in ihm, so beugte er sich schnell zu seiner kleinen Tochter hinunter, die ihre dicken Arme um seinen Hals schlang und ihm eine feuchtkalte Nase und etwas klebrige Bonbonlippen ins Gesicht drückte.

Als er sich wieder aufrichtete, wandte er sich Jim zu. Der stand steif, als hätte er einen Stock verschluckt. Er verzog keine Miene, sagte nur markig: »Tag, Dad, willkommen zu Hause.« Seine Augen glitzerten.

William umarmte ihn. »Jim, mein Junge!«

Jim seufzte zweimal, wie ein Kind, das sehr geweint hat.

Ein Schulchor sang jetzt »Glory, Glory, Hallelujah!« Der Bürgermeister begrüßte den Sohn der Stadt, der glücklich heimkehren konnte. Zwei Bürger Sarnias waren gefallen.

William preßte mit der Linken die Blumensträuße an sich. Den rechten Arm hatte er um Jennys Taille gelegt, und er fühlte den Ansatz der rundlichen Hüfte. »Du hast deine Haare wieder wachsen lassen. Das ist schön«, flüsterte er ihr ins Ohr.

»Bleibst du jetzt bei uns, Dad?« fragte Jim.

»Ja. Wir werden uns nie wieder trennen. Ich jedenfalls gehe nicht wieder fort«, versprach William seinen Lieben.

Er machte sein Versprechen wahr. Als er seinen Dienst

quittierte, zahlte ihm die Militärkasse eine recht ansehnliche Summe aus. Ein Kredit wurde zusätzlich aufgenommen. Auf der Klitsche, die Williams Eltern ihm vererbt hatten, begann er mit seiner Biberzucht. Sie zogen nach Port Hope am Ontario-See.

Er erwarb zusätzliches Land und betrieb auch eine kleine Landwirtschaft. Im Laufe der Jahre erwarb er noch die Genehmigung, Lachse zu fangen, wenn sie im Sommer die Wasserläufe aufwärts wanderten, um zu laichen.

William Rockwell war glücklich. Er hatte genau das, was er sich wünschte. Abends saß er auf der Bank vor seinem eigenen Haus. Die kleine Holzterrasse ging in einen Garten über, den Jenny teils als Gemüsegarten nutzte, teils aber auch mit verschwenderischer Blumenpracht versehen hatte. Die Sommer waren sehr kurz. Die Winter dehnten sich streng und unerbittlich kalt. Die Sommer waren lieblich, die Winter lehrten die Wärme des Kamins und das Anheimelnde der Lampe schätzen.

Später schaffte William sich auch einen Schaukelstuhl an. Und wenn er da sommers auf der Veranda schaukelte und über seinen Garten hinweg sah, wie die Schilfgräser am See sich im Winde wiegten und Wasservögel in strengen Formationen aufschwirrten und wie auf ein geheimes Kommando hin wendeten, lange Schlaufen am Himmel zogen und wieder ins Schilf eintauchten, dann dachte er manchmal an Frankreich, an die einsamen Stunden auf Wache. An seine Kameraden. An die sonderbare Begebenheit mit dem Bären. Andere vergaßen, aber William erinnerte sich. Nichts war ausgelöscht. Kitchener, der Glücksbringer, lebte jetzt im Londoner Zoo. Wenn die jährlichen Gesundheitsberichte eintrafen, wurde William Rockwell selbstverständlich benachrichtigt. Er war immerhin zum »Bärenführer ehrenhalber auf Lebenszeit« ernannt worden.

Alles war gut. Jenny und William liebten sich zärtlich.

Längst hatte er sich auch davon überzeugt, daß ihm in Mr. Dobbs gewiß kein Rivale geblüht hatte. Da hatte Jenny doch einen besseren Geschmack. Oho!

Lucille war ein lebhaftes, aufgewecktes Kind. Nur ein winziger Wermutstropfen schwamm in Williams Freudenbecher. Sein Verhältnis zu Jim war nicht ganz makellos. Nein, der Junge hatte sich zwar gefreut, als der Vater heimkam, doch danach war er sehr kühl und zurückhaltend geblieben. Einmal rührte das wahrscheinlich daher, daß Jim vorher der kleine Mann im Hause gewesen war. Bei der kleinsten Meinungsverschiedenheit mit Jenny mischte der Bengel sich ein. Immer vertrat er die Partei der Mutter. Zum anderen merkte Jim, daß er dem Geschmack und den Anforderungen seines drahtigen Vaters im Grunde nicht entsprach.

Er war ein eher verträumter Junge. Er konnte zwar sehr übermütig und witzig sein, doch fand er keinen rechten Geschmack an all den herrlichen Dingen, die Männer taten: fischen, jagen, Baseball, sich anflachsen, Bier trinken, Rodeo und Lagerfeuer. Stattdessen malte Jim.

Als er zum erstenmal gestand, er wolle gern Kunstmaler werden, guckte sein Vater ihn an, als hätte er sich in Damenkleidern präsentiert.

»Maler?! Jim! Das überleg dir bitte sorgfältig. Du kannst ja malen, aber doch lieber in der Freizeit. Onkel Steve hat zum Beispiel Blockflöte gespielt. Als Hobby. Wie ... wie stellst du dir das denn überhaupt vor? Ich meine, die Ausbildung?«

»In Montreal gibt's eine Kunstakademie, Dad. Ich bitte dich herzlich, mir später zu erlauben, dort zu studieren. Ich könnte nebenbei einen Job annehmen, damit es nicht zu teuer wird. Mir liegt sehr viel daran, Dad.«

»Du sollst das hier einmal übernehmen. Ich rackere mich nicht ab, damit mein Sohn Maler wird.«

»Du bist dagegen?«

»Ich sage nein. Ist das deutlich genug?«

Jim antwortete nicht. Er warf den Kopf in den Nacken und ging nach draußen.

Als William bei seiner Frau Zustimmung suchte, erntete er nur ein Schulterzucken. »Er ist sehr eigensinnig, William«, sagte sie. »Ich glaube nicht, daß du ihn davon abbringen wirst, wenn er es wirklich und wahrhaftig will.«

»Er ist ein Schlappschwanz!«

Hier wurde Jenny ausnahmsweise richtig wütend. »Das ist er nicht«, schrie sie aus dem Stand. »Er hat nur andere Interessen als du und deine Kumpels. Er ist ein richtiger kleiner Mann und wird ein ganz waschechter ausgewachsener Mann sein. Dann beißt du dir die Zähne an ihm aus, William Rockwell!«

War es wohl die Versöhnung danach gewesen, anläßlich derer dann Percy entstand? Jedenfalls kam er neun Monate danach zur Welt. Das Regiment erhielt eine Geburtsanzeige. Per Telegramm wurde dann auch Kitchener von dem glücklichen Ereignis im Hause seines Bärenführers in Kenntnis gesetzt.

Für William bedeutete es neue Hoffnung, diesen zweiten Sohn zu haben. Und für Jim war dessen Ankunft ein reiner Glücksfall. Denn plötzlich wurde sein Dad nachgiebig. Er ließ ihm die Leine lang. Er lauschte aufmerksam dem Zeichenlehrer von Jims Schule, der beteuerte, Jim sei der begabteste Schüler in seinem Fach, den er jemals gehabt habe.

»Vielleicht ist es ganz gut, auch mal einen Künstler in der Familie zu haben«, gab William seinem Ältesten nach. »Außerdem steht dir dein Elternhaus immer offen, das weißt du, mein Junge.«

»Ich bin sicher, daß du es nicht bereuen wirst, Dad!«

Von da an besserte sich das Verhältnis zwischen Vater und Sohn zusehends. Er begleitete seine Eltern sogar zum »Dominion Day« nach Toronto.

Es war der 1. Juli 1923. Wie jedes Jahr fand ein festlicher Umzug statt, an dem sich alle Volksgruppen Kanadas mit geschmückten Wagen und kostümierten Leuten beteiligten.

Die Yonge Street war dicht gesäumt von Zuschauern, die der Pracht der Kostüme, dem Einfallsreichtum der Tänze und Blumenarrangements und den Künsten der Kapellen lauten Beifall zollten.

Der schreckliche Krieg in Europa war fast fünf Jahre vorüber. Tausende von Kanadiern waren gefallen. Aber Zeit heilt Wunden. Man wollte vergessen. Selbstverständlich gehörte auch eine Abordnung des 159. Infanterieregiments zum Zug. Auch die Militärkapelle marschierte mit. William Rockwell und seine Familie hatten Ehrenplätze auf der Tribüne erhalten. Und da defilierten sie alle vorbei: Chinesen und Japaner, Kubaner und Deutsche, die ihren Karneval als »Mardi Gras of Germany« in Sepplhosen und Dirndlkleidern vertraten, französische und britische Vereine – und Miss Kanada. Nur Indianer waren nicht dabei. Man erinnerte sich nicht so gern an diesen dunklen Fleck auf der weißen Weste des nationalen Selbstverständnisses.

Oberst Powell hatte es sich nicht nehmen lassen, in Uniform seiner Truppe voranzuschreiten.

»Daddy, Daddy!« rief ein Mädchen unweit der Rockwells auf der Tribüne.

Um Jim Rockwell war es geschehen. Zum erstenmal in seinem Leben war er verliebt.

Mabel Powell, ein etwas pummeliges, fünfzehnjähriges Prachtmädchen mit blonden Locken und dem rotbäckigen Pausbackengesicht eines Lackbildengels, erschien ihm als reine Verkörperung weiblicher Schönheit.

Als Jim später Mabel vorgestellt wurde, wurden seine Handflächen feucht. Verstohlen wischte er sie an seinem Hemd ab. Dann reichte Mabel ihm gnädig die Hand. Er stotterte irgend etwas. Sie gab schnippisch Antwort. Was sie sagte, war sicher nicht erleuchtet, aber Jim fand es hinreißend. »Voriges Jahr war es viel schöner. Auch viel wärmer«, sagte sie und starrte den verdatterten Jim so böse an, als hätte er die Sache vermasselt.

Das war alles gewesen. Doch für einen Jungen, der aus Port Hope kam, genügte es zum Träumen.

Er trug Mabels Bild im Herzen. Es war sehr haltbar, ja, es nahm immer schönere, idealere Formen an.

Selbst Montreal und all die neuen Eindrücke an der Kunsthochschule konnten sein blondes Idol nicht völlig aus seinen Gedanken verdrängen. Er hatte Mabel zweimal von ferne gesehen. Sie hatte ihn überhaupt nicht beachtet. Einmal war sie mit Freundinnen zusammen gewesen, und obwohl sie genauso gekichert und gegackert hatte wie die anderen Mädchen, war sie Jim doch viel ernster und irgendwie bedeutend erschienen. Das zweite Mal saß sie wieder auf der Tribüne beim »Dominion Day«. Jim hatte vom Umzug überhaupt nichts mitbekommen. Sein Herz tobte bei der Vorstellung, er werde sie nachher begrüßen und mit ihr sprechen. Doch sie war wie ein Blitz verschwunden.

Um sich ein wenig zu trösten und zu zerstreuen, hatte Jim sich häufiger anderen jungen Damen zugewandt. Und siehe da: Sie waren nicht so unnahbar wie seine Göttin. Im Gegenteil. Der hübsche blonde Junge mit den hellen Augen, den breiten Schultern und dem leicht verträumten Wesen war ein ausgesprochener Erfolg bei Mädchen. Nur eben nicht bei der Einen!

Montreal – das war eine andere Welt, ganz nah und doch fast exotisch für Leute aus Sarnia, Port Hope und Toronto. Montreal mit seiner stark französischen Prägung war unbestimmter, lebhafter, schillernder, mehr der musischen Seite des Lebens zugewandt, jedenfalls, wenn man – wie Jim – im Vieux Montréal, der Altstadt, wohnte.

Jim widmete sich mit Feuereifer seinen Studien. Schwer genug hatte er sich dieses Privileg erkämpfen müssen. Die Zustimmung und das Lob der Professoren bestätigten ihm, daß er sich richtig entschieden hatte.

Seine Wirtin war freundlich, das Essen zufriedenstellend, die Mädchen waren nicht zimperlich. Sie hießen Sue und Jill und Sandra und Cherry, und Jim wurde allmählich ein Meister im Küssen und im Abschätzen weiterer Chancen.

Er sprach nun häufig Französisch, legte sich einen Strohhut zu und eine gepunktete Fliege. Im Sommer stellte er in den Grünanlagen der Place du Dominion eigene Bilder aus. Manchmal kaufte jemand, und Jim konnte seine schmale Kasse ein wenig aufbessern.

Als er an einem diesigen Tag neben dem Standbild der Queen Victoria mit einem prächtigen Sonnenuntergang und zwei Kühen auf der Weide auf Käufer lauerte, ritten einige Leute vorüber. Jims Herz setzte fast aus. Mabel war dabei. Schöner denn je.

Sie blickte aus ihrer majestätischen Höhe auf Jim und seinen Sonnenuntergang hinunter. Und diesmal zeigte sie Interesse. Sie zügelte ihr Pferd, machte ihren Begleiter aufmerksam, stieg von ihrem Apfelschimmel und ließ den unsympathischen Burschen das Tier halten.

Sie stellte sich vor Jim auf und stemmte die Hände in die Hüften. In ihrem Reitdress sah sie aus wie eine kräftige Amazone. »Sind Sie nicht der kleine Rockwell?« fragte sie.

»Nein. Ich bin der große Rockwell.« Jim fand sie hübsch, aber eigentlich nicht ganz so liebenswürdig, wie er sie sich vorgestellt hatte.

»Und wieso sitzen Sie hier mit Bildern, anstatt Biber zu züchten?«

Sieh an, sie wußte also über die Familie Rockwell Bescheid.

»Weil mein Vater die Biber züchtet. Ich male höchstens welche.«

»Hoffentlich können Sie Biber besser malen als beispielsweise Kühe oder Sonnenaufgänge.«

»Es ist ein Sonnenuntergang.« Allmählich wurde er leicht ungehalten. Eine schnippische Person. Er erhob sich zu seiner imponierenden Größe und sah auf sie hinunter. Nicht sehr, denn sie war selber groß, aber doch wenigstens ein bißchen.

»Ich habe Biber zu Hause, Sie sollten mich einmal besuchen«, schlug er frech vor. Bei manchen Mädchen hatte man mit solcher plumpen Masche Erfolg. Natürlich nicht bei Mabel Powell. Aber er hatte das Bedürfnis, sie zu ärgern.

Sie ließ den Blick an ihm hoch- und hinunterwandern. Dann hatte sie sich entschieden. »Sagen Sie mir schnell Ihre Adresse!«

Jim stotterte seine Anschrift, fast wäre sie ihm vor Staunen nicht eingefallen.

Sie nickte, ohne zu lächeln. »Morgen, vier Uhr. Stellen Sie Wein kalt.« Damit verließ sie ihn, schwang sich auf ihren Apfelschimmel und entschwand, ohne ihn noch eines Blickes zu würdigen.

Jim hätte nun glücklich sein müssen. Sein Weihnachtsengel hatte Notiz von ihm genommen. Es stand sogar ein leichter Erfolg ins Haus. Wenn sie kam!

Doch statt jubelnder Vorfreude stellte sich Beklemmung ein. Jim machte zum erstenmal in seinem Leben die Erfahrung, daß es Wünsche gibt, die besser nicht erfüllt werden. Daß man Träume braucht. Und daß aus einer Schwärmerei nur selten eine Liebe wird. Ernüchterung ist unvermeidbar.

Mabel erschien pünktlich. Sie wirkte gelassen wie bei einem Geschäftsbesuch. Sie studiere Physik an der französischsprachigen Universität, berichtete sie. Sie schlug die Beine übereinander beim Sitzen, so daß Jim ihre Strumpfbänder sehen konnte. Er faßte sich ein Herz und küßte sie. Sie schien es zu mögen.

In dieser Phase ihrer Beziehungen stellte Jim ernüchtert fest, daß seine angebetete Mabel auch nicht anders war als Jill und Sue und Sandra und Cherry. Ein nettes Girl, das ihn nicht erzittern ließ.

Sie trafen sich noch einige Male, dann fand sie ihn heimlich doch recht anstrengend, und er fand sie ein wenig langweilig. Sie trennten sich in aller Freundschaft. Jims Herz und Gemüt waren wieder leer und aufnahmefähig.

In diesem Zustand trat Jim Rockwell seine Europareise an. Und das kam so:

Eines Tages erreichte ihn in Montreal ein Brief seines Vaters. »Es geht uns allen gut«, schrieb er, »wenn Du Dein Semester herumhast, würde ich Dich aber gern sehen. Ob Du es wohl einrichten kannst? Stell Dir vor: Oberst Powell war neulich bei uns, und zwar unangemeldet!«

Hier machte Jims Herz doch einen kleinen, ängstlichen Satz. Sollte Mabel gequatscht haben? Wollte der Oberst Jim etwa an die eheliche Kette legen? Sie bekam doch hoffentlich kein Kind?! So eine erfahrene Frau wie Mabel?!

Aber dann stand in seines Vaters Brief schon die beruhigende Zeile: »Es geht nämlich um Kitchener. Genau gesagt, um das Bärenhaus im Londoner Zoo. Alles andere mündlich. Viel Liebe. Dad. Mom, Lucille und Percy lassen vielmals grüßen.«

Nanu, was soll ich denn mit dem Bären zu tun haben? fragte sich Jim.

Heimlich fand er den ganzen Kult um den Bären reichlich albern. Andererseits rührte es ihn jedoch, seinen sonst so knorrigen Vater so sentimental und anhänglich zu erleben.

Wir werden ja sehen, was für einen Bären der Oberst meinem Dad da aufgebunden hat. Hauptsache, Mabel hat ihrem Dad keinen Bären aufgebunden!

Drei Tage später rollte die keuchende Landeisenbahn mit Jim nach Port Hope am Ontario-See. Weit dehnten sich die Weizenfelder am Ufer des Sees. Abgetrennt durch tief in die Erde gerammte Pfähle, mit Stacheldrahtgeflechten gesichert und ausbruchssicher gemacht wie das Zuchthaus San Quentin, lag mitten in Schilf und Ried William Rockwells Biberzucht.

Und dort, am Rande eines künstlich gegrabenen Baches, träumte zwischen Büschen und Blumen Jims Elternhaus. Ein Stück entfernt lagen die Häuschen der Farmarbeiter, denn William Rockwells Besitz hatte sich vergrößert und erweitert. Rotamseln und Spatzen tschilpten in den hohen Bäumen.

Es war ein kleines Paradies, diese »Farm Kitchener«, wie sie seit einigen Jahren hieß.

William Rockwell war ein wohlhabender Mann geworden. Das Glück war mit ihm. Und tüchtig war er auch. William war stolz auf seine Leistung und erst recht auf seine Familie. Sogar mit den musischen Neigungen seines Ältesten hatte er sich ausgesöhnt, sah er doch, daß in »besseren« Kreisen wie dem seines Obersten so ein Studium an der Kunsthochschule viel galt. Warum sollte er sich also nicht einen Künstler in der Familie leisten?

William aß gern, und Jenny kochte gut. Sein Körperumfang hatte sich sichtlich erweitert. Seine Stimme hatte an Kraft zugelegt. Wer ihn nicht genau kannte, mochte glauben, er habe es mit einem Polterer und Machtmenschen zu tun.

Aber Jenny, deren Taille immer noch schmal wie die eines jungen Mädchens war, kannte ihren William besser. Man brauchte doch nur in seine hellen Augen zu schauen, die nichts verbergen konnten, die sich bei Ärger trübten wie der See, wenn ein Gewitter aufzog, und bei Freude leuchteten wie Wasser im Sonnenschein. Dann wußte man, was für einer William Rockwell war: ein richtiger Mann. Mutig, eigensinnig und empfindsam. Letzteres sollte natürlich niemand merken.

William kam gerade von einer Inspektion seiner Biberzucht, als Jim eintraf. Er trug einen Overall und Gummistiefel. Neben ihm stapfte der kleine Percy in ähnlicher Aufmachung, nur daß seine Stiefel bis obenhin voller Dreck waren.

Jenny drückte ihren großen Sohn an sich. Sie reichte gerade bis an seine Brust, und er mußte sich zu ihr hinunterbeugen, um ihr einen Begrüßungskuß zu geben. »Mom, wie machst du das bloß mit deinem Aussehen? Hast du dir vielleicht von einer Fee ewige Jugend gewünscht?« scherzte er und war sehr gerührt.

Sein Vater und er umarmten einander verlegen.

»Wir sehen aus wie die Schweine. Richtige Landbevölkerung, nicht wahr?« fragte William. Und zu Percy sagte er: »Was soll dein großer Bruder von dir denken?«

»Wo ist Lucille?«

»In der Schule. In Toronto. Sie lebt dort über die Woche im Internat. Haben wir dir das nicht geschrieben?«

»Ich glaube nicht.« Wie fremd das Elternhaus geworden war. Und doch, wie vertraut war es andererseits. Wie heimelig. »Du wolltest etwas mit mir besprechen, Dad?«

Jenny protestierte. »Papperlapapp. Erst wird ordentlich gegessen! Ich habe Sparerips gemacht mit gebackenen Kartoffeln. Und hinterher gibt es Eis mit Ahornsirup. Na, Jim, ist das nach deinem Geschmack?«

»O Mom, meine Lieblingsgerichte!«

Später – William hatte sich eine Pfeife angezündet, und die beiden Männer saßen auf der Veranda, während Jenny sich um den Abwasch kümmerte und Percy vorgab, ihr beim Abtrocknen zu helfen – erklärte William die Lage. »Es geht um Kitchener. Er lebt, und es geht ihm gut. Eigentlich geht es wohl weniger um ihn als um mich. Irgendwie ist mein Leben mit seinem verknüpft. Ich weiß nicht, ob du das verstehen kannst, Jim? Aber ich habe doch sozusagen Vaterstelle an Kitchener vertreten. Und dann hab' ich mich nie wieder um ihn gekümmert. Nicht richtig. Lasse ihn da in London bei fremden, verständnislosen Menschen. Was wissen die denn, wieviel er uns allen bedeutet hat! Ein Symbol fürs Überleben war er. Ja, ich bin ein miserabler Freund für ihn gewesen. Ein herzloser Klotz. Mit ein paar Geldspenden ist es doch eigentlich nicht getan. Du wirst fragen, warum mir das alles nicht früher eingefallen ist? Tscha, Jim, ich hatte so viel mit dem Aufbau der Farm zu tun. Jugend kennt keine Tugend.« Er wurde plötzlich blaß und drückte die Hand auf die Brust, atmete ein paarmal schwer und hastig und schloß kurz die Augen.

»Dad, was ist? Reg dich doch bloß nicht so auf! Dem Kitchener geht es doch prima im Londoner Zoo. Oder?«

Williams Gesicht nahm wieder Farbe an. »Natürlich. Hast ja recht. Es ist so, daß ein neues Bärenhaus fällig wird. Auch auf dem Freigehege ist einiges zu erledigen. Der Oberst hatte da eine Idee. Am 11. November dieses Jahres, an unserem Kitchener-Tag also, ist der Frieden genau zehn Jahre alt. Wir wollen dieses Datum ganz groß und festlich begehen. Da wird auch eine Riesentombola veranstaltet, und wir reichen eine Spendenliste herum. Die Frauen backen Kuchen und machen Kaffeestände auf. Mit einem Wort: Wir wollen tüchtig Geld sammeln, damit die in London nicht knausern müssen beim Bau.«

»Sehr gut. Und was soll ich dabei?«

William druckste ein bißchen. »Nun ja, Junge, wir dachten, du könntest vielleicht – äh – ein, zwei selbstgemalte Bilder zur Tombola beisteuern. Vielleicht sogar mit einem Bären drauf!«

Jim mußte lachen. »Ihr seid ja ganz schön raffiniert.«

»Das ist aber längst nicht alles. Nein, die Londoner brauchen das Geld bald. Außerdem möchte ich gern, daß meine

Familie direkten Kontakt mit Kitchener aufnimmt. Ich würde ja reisen, aber in letzter Zeit... Na ja, da ist mir manchmal nicht so ganz gut.«

»Aber Dad, du mußt zum Arzt gehen!«

»Das überlasse gefälligst mir! Ich habe ganz andere Sachen überstanden!«

»Und du meinst, ich soll...«

»Jawohl, du sollst! Der Oberst und ich schießen die Summe vor. Sie wird schon wieder hereinkommen. Du wolltest doch immer unbedingt das gute, alte Europa kennenlernen. Vielleicht sogar noch ein Semester in Paris anhängen. Den Louvre sehen. Da kann ein Abstecher nach London doch auch nicht schaden, oder?«

»Mein Gott, das wäre herrlich.«

»Du überreichst den Scheck, siehst dir Kitchener an und grüßt ihn von mir. Er wird schon auf seine Weise mitkriegen, daß du mein Sohn bist. Es geht nämlich nicht immer alles nach dem kühlen Verstand.« William wandte das Gesicht ab.

Jim war ernstlich beunruhigt. So kannte er seinen tüchtigen, praktischen Vater gar nicht. Er schluckte und sagte mit belegter Stimme: »Keine Sorge, Dad, ich werde ihm das schon richtig beibringen. Vergiß nicht, daß ich als Junge mit Berichten über Kitchener aufgewachsen bin. Den alten Burschen kenne ich schon.«

Nun lächelte William Rockwell. »Oberst Powell arbeitet übrigens an einer Chronik unseres Regiments. Die Station Sarnia gibt es inzwischen gar nicht mehr. Alles wurde auf Toronto konzentriert. Was jetzt nachrückt, ist Friedensgeneration. Die haben ganz andere Vorstellungen vom Soldatsein als wir. Aber der Oberst hält sie ganz schön auf Trab. So klein wie er ist, so energisch ist er auch. Übrigens heiratet seine Tochter demnächst einen jungen Oberleutnant. Sie sind schon ein Jahr lang verlobt.«

Na, viel Spaß, dachte Jim. Hoffentlich hat er eine feste

Hand. Vielleicht war das der, der damals den Apfelschimmel gehalten hat. Sie ist sehr nett, nur ein bißchen wild. Wenn ich einmal heirate, muß es wohl doch eher eine Frau wie Mom sein. Zierlich und spitzbübisch und tüchtig und sehr anschmiegsam-weiblich. Ob ich so eine jemals treffe?

In den Kasernen des 159. Infanterieregiments von Ontario war in den Herbsttagen des Jahres 1928 der Teufel los. Es war die planmäßige Unordnung ausgebrochen, der die perfekte Reinlichkeit und Ordnung folgen sollte. Mit einem Wort: Großreinemachen!

Die Gebäude glichen wüsten Rumpelkammern, über Flure und Treppen, in Stuben und auf dem gepflasterten Hof ergossen sich Fluten von Seifenwasser und Sodalauge. Kräftige Männerfäuste regierten Reisigbesen und Schrubber und wrangen Putzlappen aus.

Unteroffiziere brüllten, und Feldwebel donnerten. Offiziere fluchten und flüchteten ins Kasino. Oder sie machten sich nützlich, indem sie das Putzen der Kutschpferde beaufsichtigten.

Der Kantinenwirt hatte lange Besprechungen mit den Dekorationskünstlern der Truppe. In der Turnhalle probte ein Gesangsverein. Das Regimentsorchester marschierte auf der Wiese in schwierigen Formationen und übte einen neuen Marsch ein. Eine Turnstaffel baute noch einmal ihre kunstvollen Pyramiden aus acht Männern. Und auf dem Festgelände wurden Vorkehrungen für die große Tombola getroffen. Sogar zwei Karussellbesitzer hatten sich mit ihren Vergnügungsapparaten eingefunden. Mit einem Wort: Es tat sich etwas in Toronto. Die Luft vibrierte förmlich von geballter Nervosität. Ein kleines falsches Wort konnte eine Explosion auslösen.

Dann war er da, der 11. November 1928. Vor zehn Jahren war im Wald von Compiègne der Waffenstillstand unterzeichnet worden, und die Welt hatte für ein paar Minuten dankbar den Atem angehalten. Nach vier Jahren der Bitterkeit flossen die Tränen der Erleichterung. Auch die Tränen tiefer Trauer um die Lieben, die nie wiederkehren würden. Es war der Tag gewesen, an dem zum großen Halt geblasen wurde, an dem die Menschen in den Kirchen in die Knie gebrochen waren, um dem Herrn für die Gnade zu danken, daß Frieden war.

Nun war diese Stunde schon zehn Jahre her. Das Leben war weitergegangen. Man erinnerte sich an den Krieg, gewiß. Aber man dachte daran wie an ein fernes Ereignis, an ein Abenteuer der Jugend. Nur die Verwundeten, die Krüppel und die Einsamen vergaßen nie. Sie feierten diesen Tag nicht. Sie litten still in ihren Stuben. Vergessen ist wohltuend, aber auch grausam. Die Welt hatte vergessen. Vierundzwanzig Stunden lang wurden die Flaggen gehißt, wurde gefeiert und darüber hinweggeplaudert, daß nicht alles so war, wie es hätte sein sollen. Es gab Folgen, die von der Weichenstellung im Wald von Compiègne herrührten, und es gab bedenkliche Entwicklungen. Die Stahltrusts schrieben Aktien zu 25½ Prozent aus, Kupfer fiel, und Salpeter und Blei stiegen. Die Wirtschaft blühte gefährlich. Die Börse war nun das Schlachtfeld, auf dem gewonnen oder verloren und auch gestorben wurde.

1918, zehn Jahre war das nun her. Mein Gott, man hatte Fahnen herausgesteckt und sich fein angeputzt, man feierte doch, man gedachte der Soldaten. War das nicht genug? Das Leben ging schließlich weiter.

Nein, so waren die Männer des 159. Infanterieregiments von Ontario nicht! Viele von ihnen waren dabei gewesen, hatten in vorderster Linie die Handgranaten entschärft und den Kopf eingezogen. Hatten Kameraden an ihrer Seite sterben sehen. Konnten nicht vergessen, was nachts über sie gekommen war. Tagsüber vielleicht. Aber nicht in schlaflosen Nachtstunden. Nein, für diese Männer und auch für die jungen, denen sie ihre Erinnerung weitergereicht hatten, war dies ein feierlicher Tag. Ein heiliger Tag.

Natürlich zeigte man es möglichst nicht. Nein, man mischte kräftig mit und trank und war, nachdem der Aufmarsch und die Flaggenparade vorüber waren, besonders laut und lustig. Da machte auch Oberst Powell keine Ausnahme. Er hatte eigens einige Aspirin genommen, damit ihn die Gicht wenigstens heute nicht so plagte, und stolzierte gereckt über das Festgelände.

Es war ein voll gelungenes Fest. Selbstverständlich! Wenn man alles planmäßig und maßstabgerecht vorbereitete, konnte es für erfahrene Soldaten wohl kaum eine Panne geben.

William Rockwell betreute die Spendenliste. Natürlich hatte Arthur Shenessy wieder eine beachtliche Summe gespendet. Er wurde bei dieser Gelegenheit immer zuerst angesprochen, denn sein Einsatz erhöhte auch die Scherflein der übrigen Spender. Und für ihn war es ein Bedürfnis, hatte nach seiner Meinung doch der Bär Kitchener grobe Ablehnung mit Lebensrettung vergolten. Was konnte ein armer Mensch weiter tun, um seine Dankbarkeit zu beweisen, als kräftig ins Portemonnaie zu greifen?

William und Shenessy schüttelten sich die Hände. Es war stets ein aufwühlendes Ereignis, wenn alte Kameraden sich begegneten. Er sieht aber alt aus, dachte William. Und Arthur fand, der Rockwell wirke mächtig elend. Doch nach einer Weile war die erste Fremdheit überwunden. Man wußte zwar wenig miteinander anzufangen. Die Interessen lagen zu weit voneinander entfernt. William war ein Landmensch, Arthur ein Stadtmensch. Trotzdem war da die Kette der gemeinsamen Erlebnisse, der zusammen überstandenen Todesängste, und sie war fester als Eisen und haltbar fürs Leben.

»Mein Sohn Jim ist in Europa. Er hat dem Londoner Zoo

einen Scheck überbracht. Eigentlich hätte ich längst Post bekommen müssen«, sagte William, »aber man weiß ja, wie junge Leute heutzutage sind. Es fehlt ihnen die harte Schule, die wir durchmachen mußten.«

»Ich wünsche sie niemandem«, erwiderte Arthur Shenessy.

»So hatte ich's auch nicht gemeint«, bestätigte William Rockwell. »Aber Jims Mutter macht sich Sorgen. Sie denkt doch immer noch, er wäre ihr kleines Kind.«

Natürlich machte Jenny sich Sorgen. Davon war ihr jedoch nichts anzumerken, als sie lächelnd und scherzend an ihrem Stand Kaffee ausschenkte und Torte auf Teller legte, den kleinen Percy im Auge behielt, der überall herumwackelte und seine Nase in alles steckte, und Lucille freundlich bestimmt anleitete, ihr zur Hand zu gehen.

Ja, Jenny machte sich Sorgen, aber im Grunde war sie überzeugt, daß Jim es schon richtig machen würde. Ihr großer Sohn! Der Mann, der ihr als Knabe zur Seite gestanden hatte, als sie manchmal so schwach und verzweifelt gewesen war. Dieser Gedenktag an den Frieden rührte auch viel Schmerzliches auf. Vor allem aber stimmte er dankbar. Und Jim würde eines Tages zurückkommen. Sicher kommt bald ein Brief von ihm, dachte Jenny. Plötzlich wird er auf der Matte stehen und mich mit seinen hellen Rockwell-Augen ansehen und rufen: »Hallo, Mom, da bin ich wieder!« Wer weiß, vielleicht kommt er gar nicht allein? Es wäre doch nicht ausgeschlossen, daß er ein Mädchen nach seinem Geschmack kennenlernt und die große Liebe, die ihm bisher nicht begegnet ist. Eine Liebe wie zwischen mir und seinem Vater. Ich wünsche sie ihm. Und uns, William und mir, wünsche ich ein Enkelkind. O ja, das wünsche ich uns von Herzen.

»Sie strahlen ja so, Frau Rockwell?« fragte Oberst Powell in ihre Gedanken hinein mit seiner hellen Stimme. »Darf ich um ein Stück von dieser Apfeltorte bitten? Sieht ja prächtig aus. Schon Nachricht von Ihrem Sohn?«

Jenny schüttelte den Kopf.

Der Oberst seufzte. »Ja, es stimmt schon, Frau Rockwell: Kleine Kinder, kleine Sorgen. Aber große Kinder, große Sorgen. Wenn sie erst flügge sind, kann man sie nicht mehr richtig beaufsichtigen. Ist es nicht so?«

Da mußte Jenny herzlich lachen. »Das trifft den Nagel auf den Kopf!«

4

Es war just der 11. November 1928, an dem Jim Rockwell den Londoner Zoo betrat, um dem Bären Kitchener endlich den Besuch abzustatten, den er seinem Vater William versprochen hatte.

Er hatte sich damit nicht ganz so beeilt, wie sein Dad es wohl eigentlich erwartet hatte. Aber Europa – das war eine aufregende Erfahrung, ein aufwühlendes Erlebnis. Hier lagen die Wurzeln. Frankreich vermittelte genau jenes Lebensgefühl, das in Montreal gepflegt wurde. Und auch für einen Sohn hielt es Erschütterungen bereit, wenn er an des Vaters Berichte vom großen Krieg dachte und nun plötzlich auf jenem blutgetränkten Boden stand, Flüsse sah, die umkämpft worden waren, Hügel, an deren Fuß Menschen unter Qualen gestorben waren. Trügerisch und vollkommen hatte die Zeit ihren Mantel darüber gebreitet. Die Natur war gnädig darüber hingewuchert. Nur die Soldatenfriedhöfe und Gedenksteine auf den Schlachtfeldern und kärgliche Überreste der Bunkerbauten kündeten noch von jener unseligen Zeit.

Jim seufzte. Er war durch Belgien gefahren und hatte auch dort die Spuren des Krieges gesehen. Diese Reise brachte ihm auch das Wesen seines Vaters näher, dem er doch äußerlich so ähnlich war.

Bei der Überfahrt war da dann dieses Mädchen gewesen. Eine Alice. Alice im Wunderland. Eine zauberhafte kleine Person. Er hatte sie gesehen und war überwältigt gewesen.

Und dann habe ich mich wie ein Idiot benommen, sagte Jim sich zum hundertsten Mal. Wie ein heißer Bock bin ich auf sie losgegangen. Meine Güte, Mädchen wie Mabel haben mich total verdorben. Kann ich denn nicht mehr eine kokette Miss von einer wohlerzogenen jungen Dame unterscheiden? Als sie davongerannt war, hatte Jim sich geschämt. Er konnte wohl kaum hinterher laufen, sie festhalten und sagen: »Entschuldigung, ich wußte nicht, was ich tat!« Am besten, man trank einen Whisky und vergaß die Geschichte.

Bei der Landung hatte er noch so gedacht. Dann war es wie ein Blitz in ihn gefahren: Ich muß sie sehen! Ich werde ihr alles erklären! Aber da war sie schon verschwunden gewesen. Nun, man konnte nie wissen, wozu etwas gut war. Vielleicht hätte die Begegnung genau so eine Enttäuschung ergeben wie die Affäre mit seiner einst so angebeteten Mabel.

Jim hatte in London natürlich zuerst die National Gallery besichtigt. Das war eine einzigartige Ansammlung von Kunstwerken, und Jim schwankte zwischen Entmutigung und der leidenschaftlichen Hoffnung, eines Tages auch zu den Großen zu gehören, deren Werke die Menschen andächtig in den Museen und Galerien betrachteten.

Der Buckingham-Palast, die Westminster Hall, das Parlament ... Londons City schien Reichtum und soziale Sicherheit zu garantieren. Und die Leute bewegten sich hier, als seien sie ganz erfüllt von dieser Gewißheit.

Jim hatte sich im Zoo angemeldet. Der Direktor persönlich empfing ihn, und auch Chuck Brady schüttelte ihm die Hand. Es sei ihnen eine Ehre, den Sohn ihres kanadischen Gönners empfangen zu dürfen, erklärte der Direktor. Brady berichtete schmunzelnd, daß schon einige Reisegruppen aus Ontario von ihrem Recht Gebrauch gemacht hätten, kostenlosen Eintritt im Zoo zu haben. Sie seien alle sofort zu Kitchener gegangen. »Er muß doch wirklich eine Berühmtheit bei Ihnen sein«, sagte er, »aber hier ist er es auch, das dürfen Sie mir glauben. Möchten Sie, daß ich Sie zu den Bären begleite?«

»Nein, nein. Vielen Dank. Ich gehe gern allein. Heute

begeht das Regiment meines Vaters den ›Kitchener-Tag‹ als großes, zehnjähriges Jubiläum. Ich bin zwar nicht übermäßig sentimental, aber ich weiß, daß es im Sinne meines alten Herrn ist, wenn ich versuche, persönliche Zwiesprache mit Kitchener zu halten. Schließlich war ich ein kleiner Junge, als der Bär in mein Leben trat, wenn auch nur brieflich.«

Sie lachten und verabredeten für einen der nächsten Abende ein Treffen zum Dinner. Dann schlenderte Jim durch den Tierpark. Es war noch einmal ein milder Tag. Die Sonne schien, und der Golfstrom tat seine Pflicht als große Heizung der Natur. Das Laub der Bäume schimmerte schon in den bunten Herbstfarben. Späte Hummeln und Schmetterlinge waren unterwegs. Im Papageienhaus lachte ein bunter Vogel schrill und laut.

Auch Kitchener ignorierte die saisonbedingte Müdigkeit, die ihn seit ein paar Tagen gepackt hielt, und trottete durch sein Gelände. Es waren noch einige Gaffer da, und weil sie ihm manchmal leckere Sachen zuwarfen – was eigentlich verboten war, Kitchener jedoch keinerlei Sorgen bereitete –, machte er seine unfehlbare »Glanznummer«: Er richtete sich auf den Hinterbeinen auf und winkte mit den Vorderläufen. Daraufhin gerieten die Gaffer erfahrungsgemäß stets aus dem Häuschen vor Begeisterung und warfen ihre Delikatessen herüber.

So erblickte Jim Rockwell den Bären Kitchener zum erstenmal. Ihm stockte der Atem. Ein Riesentier! Ein vorsintflutliches Ungeheuer! Groß wie ein Grizzly! Überwältigend! Und sehr furchteinflößend! Nun, damals, vor zehn Jahren, war der Bär ja wohl viel kleiner gewesen.

Jim starrte das Tier fasziniert an. Bildete er es sich ein, oder guckte Kitchener ihn wirklich fest an? Es waren ja noch andere Leute da, aber in diesem Fall bestand doch wohl kein Zweifel. Auch als der Bär sich wieder gemütlich auf allen Vieren niederließ, fixierten er und Jim einander.

Grüße von William Rockwell, alter Junge, dachte Jim. Du bist für ihn das Symbol für Leben und Aufstieg geworden, gar kein richtiger Bär eigentlich, sondern die Idee eines Bären. Du bist groß und stark und sehr eindrucksvoll, das sehe ich nun selber und werde es nach Kanada berichten. Du hast deine Kumpels von damals bestimmt längst vergessen. Oder nicht? Starrst du mich so an, weil ich jetzt aussehe wie mein Vater in jenen Tagen?

Jim mußte lächeln. Ich werde eine Bärenseele gewiß nicht ergründen. Aber vielleicht verstehe ich meinen Vater ein wenig besser. Ein Mann, der sein Herz an eine solche Kreatur hängt, der kann nicht so hart und supermännlich sein, wie er sich meistens gibt. Er hat wohl nur gelernt, weiche Regungen zu verstecken. Wenn er Mutter manchmal ansieht oder wenn er mit ihr seine Späße macht, dann kann man etwas davon spüren. Und auch, wenn er mit Percy spielt... Gleich beschlich Jim wieder Niedergeschlagenheit. Nein, er wollte nicht eifersüchtig sein auf seinen kleinen Bruder, auf dieses nette, vertrauensvolle Kerlchen.

Heute werden sie alle an mich denken, überlegte er, und Mabels Vater wird mit seiner hellen Stimme eine schneidige Ansprache halten. Er atmete tief durch. Ich habe doch wohl kein Heimweh? Mein Gott, ich habe Heimweh!

Dann sah er die Dame im dernier cri und das zierliche junge Mädchen daneben. Er schloß ganz kurz die Augen und öffnete sie in der Überzeugung, seine sentimentale Stimmung habe ihm soeben einen Streich gespielt.

Aber nein. Sie war noch da! Die Dame schlenderte weiter, zu einer Bude, an der Besucher Erdnüsse und Knabberzeug für die Tiere kaufen konnten.

Das Mädchen blieb stehen und sah hinüber zu den Bären. Eine Bärin schien es ihr besonders angetan zu haben. Das Mädchen legte den Kopf zurück und schloß die Augen. Sie kniff sie zusammen, als wolle sie Tränen zurückhalten. Wirklich wischte sie mit der Hand über das Gesicht.

Jim trat, ohne zu überlegen, mit einem Schritt zu ihr. »Ist Ihnen nicht gut, Alice?« fragte er.

Sie erschrak, und als sie ihn erkannte, färbte sich ihr Gesicht blutrot. Sie machte eine heftige Bewegung, als wolle sie davonstürzen.

Also hat sie mich erkannt, dachte Jim, das ist immerhin etwas. »Wir sind hier nicht allein. Sie brauchen keine Angst zu haben. Außerdem werde ich mich tadellos benehmen. Und ich bitte Sie vor allem um Entschuldigung für neulich. Ein unverzeihliches Benehmen. Glauben Sie mir bitte, es war ganz impulsiv, ist sonst nicht meine Art«, sprudelte er hervor.

»Danke, es geht mir gut«, murmelte sie, und er hatte wieder das Bedürfnis, sie in die Arme zu reißen und auf den vollen Mund zu küssen. Ja, alle Fanfaren bliesen zum Angriff. Doch er hielt seinen Hut in der Hand und verbeugte sich leicht. »Jim Rockwell«, sagte er.

»Das sagten Sie schon«, erwiderte sie.

»Und Sie sind Alice im Wunderland.«

»Ich bin Alice Kellenhusen.«

»Eine Deutsche?«

»Ja, mit einem Viertel England gemischt.«

Nun, sehr redselig war sie nicht.

»Sie mögen Bären, nicht wahr?«

»Ja. Es gibt eine Kindheitserinnerung, die mit Bären zu tun hat. Mit einer Bärin.«

»Das ist phantastisch! Ja, in der Tat! Denn auch ich habe eine lebhafte Kindheitserinnerung, die mit einem ganz bestimmten Bären zu tun hat. Mit diesem hier.«

Wie süß sie aussah, wenn sie so ungläubig dreinschaute.

Natürlich dachte sie, er suche nur ein Thema zum Anbändeln. »Mit dem Riesen dort?«

»Ja. Er heißt Kitchener. Mein Vater kennt ihn gut.«

Na, das klang wirklich nicht sehr überzeugend. Sie zog

bereits die Augenbrauen hoch. Dachte wohl, er wolle sie verulken. Die Dame kam zurück und musterte Jim anerkennend.

»Kennst du den Herrn, Alice?« fragte Bettie Neary mit ihrer durchdringenden Stimme.

Alice machte einen furchtbaren Fehler. Sie hob die kleine Nase hoch und sagte: »Ganz flüchtig. Auf Wiedersehen.« Dann nahm sie den Arm ihrer Großtante und rauschte weiter.

Jim machte eine Bewegung, ihnen nachzugehen. Da ergriff eine der beiden Preisboxergestalten, die sich offenbar bei einem Zoobummel von hartem Training entspannten, seinen Arm. »Haben Sie vielleicht Feuer?« fragte er. Es klang, als drohe er: Belästigen Sie bloß die Damen nicht. Sonst könnte es für Sie unangenehm werden.

Jim zuckte die Schultern. »Gehen Sie doch zur Hölle«, sagte er laut. Die beiden Muskelpakete lachten herzlich. Wenn sie denkt, daß ich dauernd wie ein Schwachsinniger hinter ihr hergaloppiere, hat sie sich geschnitten. Ich kann Mädchen in Hülle und Fülle haben, dachte Jim. Außerdem ist sie ziemlich einsilbig. Oder ob sie nicht besonders fließend Englisch spricht? Doch, daran hat's bestimmt nicht gelegen. Weißt du was, Jim, alter Junge? Sie mag dich einfach nicht. Ja, die Schlappe mußt du jetzt mal männlich wegstecken. Die Porzellandame mit den feurigen Kohleaugen bleibt bei dir eiskalt. Ende.

Am nächsten Vormittag jedoch war Jim sich darüber klar, daß er sich wie ein kompletter Trottel benommen hatte. Wie konnte er dieses bezaubernde Mädchen nur kampflos ziehen lassen?!

Es war noch immer schön und mild. Am Himmel brauten sich Kumuluswolken zusammen, die weiß und dick über den tiefblauen Himmel schwammen. Einige hatten graue Säume angesetzt. Ein Herbstgewitter lag in der Luft, und winzige

Fliegen stürzten sich auf Mensch und Tier und erfüllten ihr kurzes Leben.

Jim nahm einen Regenmantel über den Arm, setzte seinen Panamahut auf und startete. Wenn es ihr leid tat – und es konnte doch immerhin möglich sein –, dann würde sie in den Zoo kommen. Zu den Bären, denn auch sie war ja auf irgendeine Weise besonders mit ihnen verbunden.

Jim trat erwartungsvoll vor das Freigehege. Sein Herz klopfte. Er war fast sicher, daß sie dort stehen würde. Doch außer einer Schulklasse, die laut und lustig vorbeizog, war niemand da. Kein wunderschönes Mädchen mit zierlicher Taille und einem hinreißenden Madonnengesicht. Kitchener war überhaupt nicht zu erblicken. Er hatte sich in seiner Höhle zusammengerollt und schlief.

Jim war enttäuscht. Er schalt sich unmännlich und töricht, doch er konnte nichts dagegen tun. Der Tag war ihm rundum verdorben.

Etwa eine Stunde später erschien dann ein zierliches Mädchen an derselben Stelle. Alice hatte ihr hübschestes Kostüm angezogen und trug einen Schirm über dem Arm. Sie duftete nach »Lenthéric«, dem Parfüm der verführerischen Frau, und hoffte und bangte gleichzeitig. Sie hoffte, daß er da sein werde, der gut aussehende Blonde, der sie in diesen wundervollen, alles verschlingenden Aufruhr versetzt hatte. Sie bangte, weil sie sich auch fürchtete vor diesem Versinken.

Hatte sie wirklich geglaubt, er sei da? Nur, weil er ihr erzählt hatte, der Bär Kitchener habe eine Rolle in seinem Kinderleben gespielt?

Natürlich war er nicht da. Dachte gar nicht daran. Oh, ich dumme Pute, dachte Alice. Nur gut, daß niemand weiß, wie dämlich ich mich hier aufführe. Gut, daß ich Tante Bettie gesagt habe, ich ginge ein Stückchen in »Queen Mary's Rosegarden« spazieren.

Jetzt fielen sogar einige dicke Tropfen vom Himmel. Sie spannte ihren Schirm auf. Die Bären ließen sich gar nicht sehen. Was für ein trister Tag!

Alice atmete tief durch und wandte sich zum Gehen. Wenn das Schicksal mich noch einmal in eine ähnliche Lage bringt, werde ich klüger sein, nahm sie sich vor. Aber sie war sehr traurig.

Eine sehr alte Dame kam langsam näher. Sie trug einen abenteuerlichen Hut, mit Blumen und Obst garniert. Ihr Gesicht war dick rosa gepudert. In ihre Stirn ringelten sich ein paar weiße Löckchen. Sie trug eine Krimmerjacke, die zerrupft aussah, und einen grauen Rock, der fast bis auf ihre spitzen Schuhe hinunterreichte.

»Sie schlafen alle«, sagte die Märchenfrau zu Alice. »Im Winter ist mit Bären nichts anzufangen. Kommen Sie im Frühling wieder, mein Kind, dann können Sie alle wieder frisch und munter sehen. Wissen Sie, Bären sind wundervolle Tiere. Sie passen sich viel besser in die Jahreszeiten ein als wir angeblich so klugen Menschen.«

Alice nickte. Die Dame war sehr freundlich. Aber wenn man gerade mit den Tränen kämpfte, dann war man am liebsten allein.

»Sie sind ganz allein hier?« fragte die Dame und sah Alice forschend an. »Kennen Sie das Märchen von ›Schneeweißchen und Rosenrot‹? Da hatten zwei Mädchen einen großen braunen Bären als Freund und Spielgenossen. Und nachher war er ein wunderschöner Prinz.«

»Nein, das kenne ich nicht.«

»Warten Sie vielleicht auch auf einen Prinzen?« fragte die sonderbare Person hellsichtig.

Alice errötete prompt. »Vielleicht kennen Sie einen?« versuchte sie zu scherzen.

»Ach was. Ich bin die Pudding-Lady. Haben Sie noch nicht von mir gehört? Ich bringe Kitchener zweimal die

Woche seinen Abendpudding. Jedenfalls in der schönen Jahreszeit. Wir sind dicke Freunde.«

Alice lächelte so freundlich wie möglich und ließ die verrückte Dame stehen. Pudding für einen Bären! So ein Unsinn! Von Bären hatte sie jetzt überhaupt die Nase voll.

Am nächsten Tag jedoch trafen sich Alice und die Pudding-Lady wieder im Zoo. Sie lächelten sich an, und Alice sagte gleich: »Ich bin doch noch einmal hergekommen, weil Sie das von Schneeweißchen und Rosenrot erzählt haben. Wer weiß, vielleicht treffe ich heute wirklich einen Prinzen.« Heimlich fügte sie hinzu: Ich hoffe es so sehr. Ich bin so dumm gewesen. Wahrscheinlich ist er längst abgereist. Oder, schlimmer noch, er geht mit einer anderen spazieren.

Die alte Dame machte ein verschmitztes Gesicht. »Ist der Prinz vielleicht blond, groß und hat er breite Schultern und hellgraue Augen und einen kanadischen Akzent?«

Alice war sprachlos. Sie riß einfach die dunklen Augen auf und starrte die unheimliche Pudding-Lady an.

»So einer war vorhin nämlich hier, und ich habe ihm erzählt, daß ich gestern sehr nett mit einer jungen Dame geplaudert habe. Er fand das höchst interessant.«

»Und?«

»Und was? Was meinen Sie, liebes Kind?«

Alice verschluckte sich beinahe vor Aufregung. »Kommt er wieder?«

»Wie soll ich das wissen? Ich habe ihm jedenfalls geraten, etwas später noch einmal vorbeizukommen, weil Sie gestern doch auch um diese Zeit da waren. Ob er kommt ... was weiß ich? Das Wetter ist wohl nicht danach.«

Tatsächlich war das Wetter ganz und gar nicht für einen Zoobesuch geeignet, denn ein heftiger Wind trieb dicke, dunkle Wolken über den Himmel, und nun fielen schwere Tropfen. Papier und Heu wehten über die Wege. Spatzen und Drosseln suchten eilig schützendes Gebüsch auf. Das

Paradies war verschwunden. Seine Tiere zogen sich zurück.

Alice hatte ihren Schirm aufgespannt. Nun wurde er vom Sturm umgeklappt.

»Kommen Sie, wir stellen uns dort unter!« rief die Dame und eilte voraus zu dem Häuschen, das sonst Futter feilhielt, an diesem Tag jedoch nicht geöffnet hatte.

Während der Regenschauer heftig niederrauschte und die Wege in lehmige Rutschbahnen verwandelte, schwankte Alice zwischen dem beglückenden Gefühl, daß er da gewesen war, und tiefer Niedergeschlagenheit, weil sie einander verpaßt hatten. Immer noch blickte sie hoffnungsvoll die Wege entlang, doch niemand war zu sehen.

Dann hörte der Regen mit einem Schlag auf. Die Sonne tauchte den Tierpark in gleißendes Licht. Büsche und Rasen dampften. Die Blumen auf dem Hut der Pudding-Lady, die vom Wind zerzaust und vom Regen durchnäßt worden waren, richteten sich wie von Zauberhand wieder auf.

»In den Märchen kommen die Prinzen immer beim dritten Mal«, versuchte die Pudding-Lady zu trösten, als Alice sich bedrückt verabschiedete.

Aber manchmal ist die Wirklichkeit eben schöner als ein Märchen.

Als Alice am Kassenhäuschen vorbei das Eingangstor zum Zoo passierte, das von zwei riesigen Elefantenplastiken flankiert wurde, trat Jim Rockwell lächelnd hinter der Torbogensäule hervor. Alices Herz machte einige wilde Sätze, aber gleichzeitig wurde ihr auch klar, daß sie nicht gerade in der verführerischsten Form für ein Rendezvous war.

Ihren Hut trug sie in der Hand, und selbst da wirkte er regelrecht zerfleddert. Das Kostüm klebte naß an ihren Schenkeln. Ihr Haar zeigte keinerlei Spuren von Frisur. Der Schirm war kaputt und ließ Stoff und Streben hängen wie eine kranke Krähe das Gefieder. Und der junge Mann grinste auch noch darüber!

Beinahe hätte Alice wieder töricht gehandelt und wäre fortgelaufen. Doch diesmal packte Jim sie am Ellenbogen und ging neben ihr her, während er das Schirmwrack ergriff und wie einen Spazierstock benutzte, worüber Alice nun wieder lachen mußte.

»Endlich!« sagte er und atmete tief auf. »Ist das nicht ein wundervoller Tag heute?«

Als wolle der Himmel sie necken, verdunkelte er sich kurz und spuckte einen leichten Schauer von Hagelkörnern und Schneeflocken dem Unwetter von vorhin hinterher.

Jim und Alice lachten unbändig darüber. Zugleich lachten sie ihre Besorgnisse und Enttäuschungen über die mißglückten ersten Begegnungen weg.

Jim faßte es schlicht zusammen: »Diesmal trennen wir uns nicht wieder!«

Und Alice seufzte zustimmend. »Ich laufe nicht mehr weg.«

Sie schlenderten in den Garten der Royal Botanic Society. Der See mit den halb voll Wasser gelaufenen Ruderbooten wirkte abgelegen wie am Ende der Welt. Einige späte Rosen hatten sich noch behauptet und funkelten mit ihren Wassertropfen wie schöne Frauen mit ihrem Geschmeide. Niemand war weit und breit zu sehen, als Jim Alice endlich in die Arme nahm und den Mund küßte, von dem er so lange geträumt hatte. Er drängte sie nicht, sondern wartete, bis sie selber sich entzündete, sich an ihn drängte und auf seine zärtlichen Berührungen ansprach. Er war ein erfahrener Mann, und hier war die Frau, für die es sich lohnte alles zu geben, was ein Mann geben konnte an Gefühl und Raffinement.

Am nächsten Tag machte Jim Rockwell offiziell Besuch bei Großtante Bettie. Sie musterte ihn und wußte sofort Bescheid. »Sie waren doch neulich im Zoo bei den Bären, nicht wahr?«

»Ja, gnädige Frau, das stimmt.«

»Wissen Sie, daß unsere Alice als Kind mit einem Bären herumgezogen ist?«

»Als Kind? Mit einem Bären?«

»Tante Bettie, ich glaube, das sollte ich Jim lieber selbst in Ruhe erzählen«, lächelte Alice.

Jim balancierte zierlich sein Martini-Glas und lehnte sich im Sessel zurück, wobei er die langen Beine übereinanderschlug. »Ich will alles über dich wisen, Alice«, sagte er. »Und du sollst auch alles erfahren, was mich angeht. Viele Geheimnisse hat ein Farmerssohn aus Ontario nicht. Und er hofft, daß er als Maler nicht nur begabt ist, sondern auch erfolgreich sein wird.«

Tante Bettie lächelte beifällig. Der junge Mann gefiel ihr, doch sie blieb maßvoll. Schließlich mußte man erst Erkundigungen über seine Familie einziehen. Big Ben würde das schon machen. Sie hatte eine große Verantwortung übernommen, als sie ein junges Mädchen unter ihre Fittiche nahm. Für ein langes Leben genügte es nicht, attraktiv zu sein. Leider. Kunstmaler war nun auch nicht unbedingt das Nonplus-ultra. Aber vielleicht hatte die Familie Geld. Sie wünschte ihrer reizenden Nichte das Beste. »Kommen Sie doch morgen zum Dinner«, schlug sie vor, während sie sich bemühte, die tiefen Blicke des jungen Mannes zu ihrer Großnichte und umgekehrt zu ignorieren, »mein Mann wird dann auch da sein. Das wäre doch nett.«

Jim senkte den Kopf. »Ich muß nach Paris zurück«, gestand er. »Ich habe mich für das Wintersemester an der Kunsthochschule eingeschrieben. Diese Abrundung meiner Kenntnisse ist für mich lebensnotwendig.« Er blickte Alice beschwörend an. »Ich komme wieder. Im Frühling. Wenn du auf mich warten würdest ...«

Bettie Neary lachte erleichtert. »Wir werden uns schon die Zeit vertreiben, nicht wahr, Alice? Ein sehr vernünftiger

Entschluß ist das, Herr Rockwell.«

Alice senkte den Kopf und dachte, daß der Hagelschauer gestern wohl doch eine symbolische Bedeutung gehabt hatte.

Aber da sagte Jim auch schon: »Ich werde jedoch noch eine Woche hier in London bleiben und nehme Ihre Einladung deshalb sehr gern an, gnädige Frau!«

Die Sonne schien also wieder. Eine Woche, lieber Himmel, das war für Verliebte eine Ewigkeit. Da konnte man alle Sterne vom Himmel holen und alle Geschichten der Welt erzählen und alle Zärtlichkeiten tauschen, die zu einer großen, romantischen Liebe gehören.

»Wirst du mir auch nach Kanada folgen? Als meine Frau?« fragte Jim beim Abschied und küßte seiner geliebten Alice die nassen Wangen, die Hände, die Stirn, die Augen, die Halsgrube und den zitternden Mund.

Jetzt lächelte sie unter Tränen. »Meine Eltern sind fahrendes Volk gewesen, das habe ich dir ja erzählt, Jim. Davon muß die Tochter doch etwas geerbt haben. Ja, ich komme gern mit dir. Ich folge dir bis ans Ende der Welt, wenn du willst.«

Die Hochzeit zwischen Jim Rockwell und Alice Kellenhusen fand im Mai statt. Ben und Bettie Neary hatten darauf bestanden, sie in London auszurichten. London sei immerhin der Mittelpunkt der Welt, hatte Bettie ihrer Schwester Deborah zu verstehen gegeben, als diese zuerst uneinsichtig verlangt hatte, die Hochzeit müsse in Thießendorf stattfinden.

»Liebste Deborah, das ist doch lächerlich. Die vielen Gäste würden eure Klitsche gar nicht finden. Du ahnst wahrscheinlich nicht, was da auf dich zukäme! Die gesamte Presse wird sich für diese ›Bärenhochzeit‹ interessieren. Eine alte Dame hat nämlich alles ausgequatscht. Sie steht hier mit einem Bären auf vertraulichem Fuß und wird ›Pudding-Lady‹ genannt«, hatte Bettie ihrer Schwester telefonisch verraten.

»Das klingt ziemlich verrückt, Elizabeth!«

Nun waren sie alle gekommen. Von dem Säulenvorbau der klassizistischen Villa nordöstlich vom Regent's Park, wo die prächtigsten Wohnungen der Reichen lagen, wehten die Fahnen. Die große Halle war ein Blumenmeer. Vor der Kirche hatten sich Reporter und Zuschauer von der Straße versammelt, und ein langgezogener Seufzer ging durch die Menge, als die weiße Hochzeitskutsche endlich vorfuhr, gezogen von vier Schimmeln.

Die Braut war in ein weißes Stickereikleid gekleidet, der lange Schleier über und über mit Maiglöckchen besteckt. Als der Bräutigam im Cutaway ihr heraushalf und sie sich aufrichtete, sah sie so zierlich und blaß aus, daß die Menge abermals seufzte. Jim setzte seinen Zylinder auf und reichte Alice den Arm. Die Glocken setzten ein und läuteten ihnen auf ihrem ersten gemeinsamen Weg als Paar, das von nun an allen Stürmen des Lebens gemeinsam trotzen und alle Freuden zusammen genießen wollte.

Die St. Margaret's Church war gerammelt voll. Links und rechts vom Altar hatten Alices Großeltern Kellenhusen und natürlich Großonkel und -tante Neary Platz genommen. Ernst und gesammelt saß dort William Rockwell, und neben ihm wischte sich Jenny, die Bräutigamsmutter, verstohlen die Nase und die Augen. Lucille hatte geschmollt, weil sie nicht mitfahren durfte, aber sie mußte auf den kleinen Percy aufpassen. Mit einem kleinen Kind trat man eine so aufwendige Reise nun einmal nicht an.

Auf den Bänken waren die vielen Freunde und Verwandten der beiden Familien aufgereiht, aber auch eine uralte Dame mit einem geradezu atemraubenden Blumenhut thronte dort, dezent fotografiert von den Pressereportern. Die Pudding-Lady!

Und wer waren die etwas verlegenen Gestalten, die sich, teils städtisch, teils bäuerlich wirkend, im Hintergrund zusammendrängten? Nun, wer sich auskannte, konnte leicht feststellen, daß das 159. Infanterieregiment von Ontario eine Abordnung geschickt hatte. Oberst Powell hatte tief in die Regimentskasse gegriffen und gemeinsam mit William Rockwell sorgfältig eine Liste der Glücklichen erstellt, die reisen durften, denn schließlich fand die Festlichkeit an dem Ort statt, wo auch das Regimentsmaskottchen seine große Rolle spielte. Also standen wie Statuen neben dem Altar auch zwei stramme junge Soldaten mit den Fahnen des 159. Regiments. Und acht weitere Männer freuten sich schon auf das große Buffet und den Tanz und das Londoner Nachtleben in den nächsten Tagen.

Jim gelobte seiner Alice, sie zu lieben und zu ehren ein Leben lang, und Alice versprach ihrem Jim ewige Treue und Gehorsam. Dann wechselten sie die Ringe, der Pfarrer segnete ihren Bund, die Gäste sangen »Lobet den Herren«, und feierlich unter Orgelklängen schritten alle hinaus in die Maisonne. Was dann kam, war allerdings ungewöhnlich genug. Die ganze Gesellschaft setzte sich nämlich in Bewegung, nein, nicht gleich nach Nearys Villa, sondern zum Zoo.

Dort war Kitchener aus seiner dösigen Winterruhe voll erwacht, und siehe, sein träges Bären-Männerauge war wieder einmal auf Rose gefallen, Rose, die jetzt im vollerblühten Bärinnenalter und gerade neu empfänglich war für Leidenschaft und Liebe.

Beide schnauften und rangelten, schoben und stießen einander. Unbefangene Gemüter hätten glauben können, hier passiere ein Mord. Und doch bewegten die beiden die ewigen Gefühle, die den Fortbestand der Welt und der ganzen Schöpfung garantieren. Liebe!

Liebe im Wonnemonat Mai... Jim drückte seine hold errötende Frau an sich. William Rockwell, der bisher sehr blaß und abgespannt gewirkt hatte, bekam Farbe und preßte die Hand seiner Jenny. Seine Kameraden oder die Söhne dieser Kameraden stellten sich stramm in einer Linie auf und brachten für Kitchener und das Brautpaar ein dreifaches »Hurra!« aus.

Deborah Maryrose Kellenhusen, geborene Hawks, schüttelte nur den Kopf, und auch ihr Gatte war etwas peinlich berührt, während die Nearys sich köstlich amüsierten und die Fotografen vor Begeisterung schier aus dem Häuschen gerieten.

William hatte für Jim gute Kunde aus Kanada mitgebracht.

In Montreal plante die führende Galerie eine große Ausstellung mit Jim-Rockwell-Gemälden. Als Jim abreiste, war der Besitzer der Galerie bereits auf den jungen Künstler aufmerksam geworden. Man war miteinander in Verbindung geblieben, und nun war Jim sozusagen über Nacht berühmt geworden. Oder jedenfalls ein bißchen berühmt.

»Du wirst bei mir also nicht verhungern müssen, Darling«, hatte Jim zärtlich seiner Alice versichert. »Schade, daß wir jetzt nicht dort sind. Überall auf den weiten Wiesen blüht jetzt der Klee, weiß wie flockiger Schnee. Wer das einmal erlebt hat, vergißt es nie wieder, und es ist einmalig auf der Welt. Glaube mir, du wirst das Land lieben lernen.«

»Ich liebe es jetzt schon, weil du es liebst«, sagte Alice.

William Rockwell preßte verstohlen die Hand aufs Herz. Es tat weh. Das passierte immer häufiger. Aber die Reise ist auch recht anstrengend gewesen, tröstete er sich, und so ein altgedienter Knochen wie ich hat natürlich seine Lädierungen weg, da gibt es nichts. Außerdem ist das hier ja wohl auch eine erschütternde Situation. Kitchener. Mein kleiner großer Bär. Plötzlich sah er sie alle wieder vor sich, die blassen, schlammverkrusteten Gesichter, die verhärmten Kameraden mit den brennenden Augen. Ja, sie schienen ihn anzublicken mit den Augen dieser gesunden, wohlgenährten Söhne. Seine Erinnerung ging zurück nach Arras, nach Cambrai. Da war das Land, über das die giftgrünen Schwaden des Gases zogen. Dort, dieser Leslie Rumbler, hatte sich die Gasmaske vom Gesicht gerissen, weil ihm die Luft fehlte vor Erregung und er zu ersticken meinte. Und William hatte sie ihm mit Gewalt wieder ans Kinn gepreßt. Später war er doch noch umgekommen. Der da, Winnie Carter, war der Essenholer von Armentières, der mit einem Splitter im Bein und einer Kugel in der linken Schulter den Verpflegungssack bis nach vorn schleppte und dann erst zusammenbrach. Ja, und da war auch Robert O'Conney, der beste Spähtruppler der ganzen Kompanie, der damals, 1917, die Drahtlücke an den deutschen Linien entdeckte. Sie waren alle wieder da. Webbs lachte, Oberst »Luckie« Perkins machte trockene Witze. Draußen im Grauen waren sie zusammengewachsen, fester verbunden, als Brüder es sein konnten. Clark! Shenessy! Smith! Guitry! Es war, als ob die Lebenden und die Toten sich noch einmal zur Stelle meldeten. Einer stand für den anderen ein, und über allem galt das eine Wort: Treue!

William preßte die Hand aufs Herz und stieß einen ächzenden Laut aus.

»William, was ist?« Jenny reckte sich besorgt zu ihm hoch.

Williams Gesicht färbte sich grau. Hastig öffnete er den Kragenknopf.

Die anderen Leute waren fasziniert vom Liebesspiel der Bären und hatten nichts bemerkt. William atmete mehrmals tief durch und schlug sich energisch auf die Brust. Das half meistens. Es wirkte auch diesmal. Gott sei Dank!

Die Jungs aus Toronto stimmten noch an: »For he is a jolly good fellow!«, und alle Gäste sangen mit. Dann verließ die Hochzeitsgesellschaft den Platz vor dem Bärengehege.

Chuck Brady und Pfleger Bear waren heilfroh. So ein Auflauf machte die Tiere nur nervös. Sie waren alle sensibel und spürten es genau, wenn sich etwas Außerordentliches ereignete.

Die Braut hatte bezaubernd ausgesehen. Und Kitchener war nun einmal ein Bär mit Publicity, da konnte man nichts machen.

Immer noch stand da jedoch der alte kanadische Haudegen. Na, so alt war er gar nicht, aber knorrig wirkte er. Mager und knorrig. Und die daneben, die seinen Arm an sich preßte, war bestimmt die Ehefrau und Mutter des Bräutigams. So eine zierliche Person. Genau wie die Braut. Hatte man ja häufig, daß die Söhne sich eine Frau aussuchten, die aussah wie die Mutter.

William war erschüttert. Es kam so viel zusammen. Sein Jim, der ihm immer ein bißchen fremd geblieben war – denn er hatte die wichtigsten Jahre nicht mit ihm zusammensein können –, dieser Sohn war nun selber verheiratet, würde sicher bald eigene Kinder haben. Lieber Gott, betete William still, laß es ihn besser treffen: Erspare ihm einen Krieg!

Und da war der riesige, braunzottige Bär, der als Baby hinter ihm hergezockelt war, der ihnen allen das Leben rettete, als er das Verpflegungslager erschnüffelte, der sich so tapfer geschlagen hatte. Jawohl, tapfer! Warum sollte nicht auch ein Tier tapfer sein können?

»Na, alter Bursche, du hast dich besser gehalten als ich«, sagte William zu dem Bären hinüber. »Wie alt wird ein Bär? Dreißig Jahre. Nicht älter als fünfunddreißig, in der Gefangenschaft, meinte Webbs damals. Du wirst mich überleben, Freund. Aber wir haben uns wenigstens noch einmal wiedergesehen. Mach's gut! Viel Glück!«

»Wie fühlst du dich, William?« fragte Jenny besorgt.

»Wunderbar, meine Kleine. Jetzt aber los! Sonst sind wir nachher nicht dabei, wenn die Reden beginnen. Dein alter William wird hundert Jahre. Mindestens. Mach dir also um des Himmels willen keine Sorgen!«

Jenny lächelte tapfer. Sie wußte: Ihr Mann wurde ärgerlich, wenn er auf seine Wehwehchen und Zipperlein angesprochen wurde. Kranksein paßte einfach nicht zu seinem Weltbild.

So war William Rockwell auch nachher bei der Hochzeitsfeier seines älteren Sohnes einer der Lustigsten. Er und seine Kameraden lärmten sogar, denn je lauter man lachte und schwadronierte, desto besser konnte man Unsicherheit und Lampenfieber, und was es sonst noch so gab in der Fremde, verstecken. Da wurden Erinnerungen aufgefrischt und Episoden aufgetischt. Die Söhne tuschelten über Abenteuer, von denen die Väter ihnen berichtet hatten, wenn Mutter nicht zuhörte. Da hatte es feurige Französinnen gegeben und kühle Engländerinnen mit verborgenem Temperament, Lous und Los, Georgettes und Rosettes, Vivians und Annes, und die Väter hatten den Mund sehr vollgenommen. Männer, die dabei waren und es besser wußten, schwiegen eisern. Legenden durfte man nicht zerstören. Geschichten, die immer noch ein Leuchten auf lebensharte Gesichter zaubern konnten, hatten einen guten, wahren Kern, auch wenn sie ein bißchen ins Märchenhafte schweiften.

Jenny blickte ein paarmal zu den Männern hinüber, die sich da zusammenscharten. Sie war besorgt, aber sie freute sich auch für ihren Mann. Das waren nun einmal seine Leute, Farmer meist aus dem weiten Weizenland, die ihren Pflug in die Erde preßten und das Korn mit Flügelmähern schnitten, die gewohnt waren, in der Einfachheit des Lebens auch seine Vollendung zu sehen, die in ihrem Land wurzelten wie Bäume, breit, mächtig, stark.

Der Bräutigam tanzte mit seiner Braut den ersten Walzer. Tief sahen sich Jim und Alice in die Augen, und was sie sahen, war nur Glück und Verheißung. Nach ein paar Runden tanzten auch die Gäste. William forderte seine Frau auf. Oho, er war immer noch ein blendender Tänzer, wenn auch nach einigen Minuten die Luft ein bißchen knapper wurde als früher bei solchen Gelegenheiten.

William schmunzelte. Er hatte noch eine Überraschung für das junge Paar in petto. Seine Farm hatte genug eingebracht, um ihnen in Montreal ein nettes Haus zu kaufen. Für Percy blieb immer noch reichlich genug. Jim und seine Familie sollten einen guten Start haben.

Wenn William ganz ehrlich zu sich war, begrüßte er nun die Tatsache, die er früher so bedauert hatte: daß sein Ältester kein Farmer sein wollte. Denn er fühlte sich noch viel zu jung zum Abtreten. Noch habe ich die Reiseschuhe nicht an für die ganz große, letzte Fahrt, dachte William. Die »Pumpe« macht manchmal Schwierigkeiten. Das Bein mit den Splittern drin tut gelegentlich teuflisch weh. Aber jeder hat schließlich seine Blessur abgekriegt, der an der Front gestanden hat. Wir sind zähe Kerle. Wir sterben nicht einfach so.

Das Brautpaar zog sich jetzt zurück, um sich für die Hochzeitsreise umzukleiden. Sie führte natürlich nach Paris, das Jim seiner jungen Frau zu Füßen legen wollte.

»Wir sollten uns auch verdrücken«, sagte William zu Jenny. »Weißt du, Kleine, London ist nicht übel, aber es ist eben nicht Ontario. Und Percy fehlt mir doch sehr. Lucille selbstverständlich auch, aber Percy, der kleine Kerl, wird sich ganz verlassen fühlen.«

Jenny lächelte, und wenn sie so strahlte und kleine Grübchen in den Wangen hatte und den Kopf mit den dunklen Haaren in den Nacken warf, um ihrem Mann von unten her in die Augen zu blicken, sah sie wie ein junges Mädchen aus.

»Percy wird sich schon einen guten Tag machen ... Nun rede nicht rum, William Rockwell«, sagte sie, »gib zu, daß du Heimweh hast!«

William lachte. »Wie du mich aber auch immer durchschaust, Liebes!«

5

Man sollte das Leben nicht nach Jahren, sonden nach seinen schönen Stunden zählen dürfen. Doch je länger die große Uhr tickt, desto schwerer legt sich Beklemmung auf die Seele und macht den alten Menschen durstiger nach Freude und Schönheit als den jungen, der alles haben kann.

William und Jenny hatten vier Enkel: drei von Alice und Jim, der Dozent an der Kunsthochschule in Montreal war und seine Bilder gut und teuer verkaufte, und eins von Lucille, die einen Stadtbaurat geheiratet und alle Pläne von Beruf und Selbständigkeit freudig an den Nagel gehängt hatte.

Percy war seinem Vater inzwischen über den Kopf gewachsen. Er ging für die Farm durchs Feuer und würde sie eines Tages bestens verwalten. Alles hatte sich wundervoll geregelt für William. Doch da war diese Sehnsucht nach Leben in ihm, die immer stärker wurde. Nein, er brachte es nicht fertig, nur seinen Erinnerungen zu leben. Er hatte, wie alle seine Kameraden, diese Kriegsjahre drangeben müssen, sie hatten diesen Hunger in ihm genährt.

Die Träume von damals, die das Grauen erträglicher gemacht hatten, waren immer lebendig geblieben. Zwanzig Jahre war es her, seit die Menschheit wieder frei hatte atmen können. Zwanzig Jahre seit dem Waffenstillstand. Und schon wieder hielt die Welt den Atem an. Irrsinn lag in der Luft. Fanatismus hatte längst die Herrschaft angetreten. Aggression und Rachsucht, Dummheit und falsche Duldsamkeit begegneten sich und schufen die schrecklichen Voraussetzungen für einen neuen Weltbrand.

Aber in diesem furchtbaren Klima blieben die Leutchen ihren privaten Interessen verhaftet und brachten ihre persönlichen Schäfchen ins Trockene, als sei alles in Butter.

Als William Rockwell die Nachricht bekam, der Bär Kitchener sei erkrankt, beunruhigte ihn dies mehr als die politischen Schlagzeilen auf den ersten Seiten der Zeitungen.

Kitchener krank! Ein Farmer war nicht zimperlich. Tiere starben, wurden geschlachtet und gegessen, dienten dem Menschen in allem. Aber Kitchener war nun einmal kein gewöhnliches Tier, sondern ein Überlebenssymbol, eng mit dem eigenen Dasein verknüpft, Gleichnis für Kraft, Ausdauer und Mut. Und für das Wunder, das Zufall oder Bestimmung heißen mochte.

General Powell rief an und teilte William mit seiner Klarinettenstimme mit, er habe dem Londoner Zoo bereits eine angemessene Summe zugesagt, falls das Regimentsmaskottchen operiert werden mußte oder sonstwie eine kostspielige Behandlung vonnöten sein sollte.

Kitchener war krank!

Eines Morgens fiel Mr. Bear auf, daß sein riesiger Liebling nicht etwa behäbig faul in seiner Schlafnische ruhte, sondern flach atmend dalag, mit struppigem Fell und glanzlosen Augen.

Mr. Bear wußte, daß Bären sehr robust waren. Kleine Verstimmungen steckten sie fast mühelos weg. Sie erkälteten sich nicht und vertrugen auch ungewohnte Nahrung recht gut. Aber dieser Bär war krank. Jetzt zuckte er mit den Tatzen, öffnete die Schnauze, als wolle er Luft einsaugen, und blickte Bear trübe flehend an, als wolle er sagen: Hilfst du mir nicht?

Der Zoodoktor erschien. Die Presse machte sich über den Fall her. Die Berichte über den Bären Kitchener glichen denen über sterbende Staatsmänner. Da stand es: »Kitcheners

Zunge ist trocken, rissig und borkig belegt. Er hat heftige Frostanfälle. Magengeschwür vermutet.« »Kitchener wird mit hydropathischen Breiumschlägen behandelt.« »Bär erhält Codein! Pfleger Bear schwört auf ›Condurangowein‹! Diät aus Schleimsuppen, Fleischsalat, Somatose und Tropon! Heilpraktiker empfiehlt ›nux vomica 3‹!« »Arzt aus Birmingham zugezogen. Professor Spring ist eine Kapazität in Fragen der Zoologie!« »Kanadisches Regiment schickt Spende für Kitcheners Behandlung! Der Bär soll durchleuchtet werden!«

Kitchener ließ all die ungewohnten Prozeduren über sich ergehen, ohne aufzumucken. Er war ratlos. Ja, er wußte nicht, was mit ihm geschah. Ab und zu schüttelte er den Kopf und brummte. Es sah fast menschlich aus, doch war es nicht mehr als eine Reaktion der Hilflosigkeit.

Wie nähert sich der Tod einem Bären? Kitchener war ihm schon oft nahegekommen, als er in vorderster Frontlinie auf dem Posten gewesen war. Aber diesmal war es anders. Es gab nur noch Schmerzen, Hindämmern, Ergebenheit.

Die Diagnose Professor Springs ließ an Deutlichkeit nichts vermissen: »An der kleinen Magenkrümmung und in der Nähe des Pförtners eine ausgefranste Krebsgeschwulst in fortgeschrittenem Stadium. Durch Verengung des Zugangs zum Darm eine Magenblähung. Die Untersuchung des Mageninhalts ergab das Vorhandensein von Milchsäure und einer kaffeesatzähnlichen, schokoladenfarbenen Masse, verbunden mit einem gravierenden Mangel an freier Salzsäure. Metastasen ...«

Der Zoodirektor und Professor Spring sahen einander fest an. Hier mußten sie eine Entscheidung treffen.

»Eine tüchtige Dosis Morphium würde ihm das Leben erleichtern. Eine Überdosis wäre in diesem Fall barmherzig«, sagte Spring ernst.

Der Direktor zuckte die Schultern und wandte sich ab. »Wenn es wirklich brenzlig wird, sind wir gewöhnlichen

Sterblichen immer euch Medizinmännern ausgeliefert. Unser einziger Trost ist eigentlich, daß ihr auch sterblich seid«, versuchte er zu scherzen.

»Ihr gewöhnlichen Sterblichen schiebt die letzten Entscheidungen aber auch nur zu gern den geschmähten Medizinmännern zu«, konterte Spring.

Der Direktor ging leise aus seinem Büro und fuhr in sein Landhaus vor den Toren Londons. Zu seiner Frau sagte er: »Ich bin völlig erledigt. Dieser Bär war immer das aufwendigste unserer Tiere. Ein Regimentsbär eben.«

»Wieso war?« fragte sie.

Der Direktor holte tief Luft. »Reden wir nicht mehr davon.«

Sie nickte. »Vergiß bitte nicht, daß wir heute abend bei Churchills eingeladen sind, Eddie!«

Im Zoo trauerte Mr. Bear. Kitchener lebte noch, aber Mr. Bear trauerte bereits. Dies war nicht mehr der Kraftprotz und Pascha der vergangenen Jahre. Man hatte es nicht gezeigt, doch man wuchs eben zusammen mit so einem Tier, innerlich, mit den Jahren. Da tat dessen Schmerz einem selber weh, und nun fühlte man sich plötzlich einsam, weil es einen schon verlassen hatte. Wie eine chinesische Meditationsfigur saß Mr. Bear in seinem Dienstzimmer und wachte.

Kitchener lag still und teilnahmslos in seiner Lieblingsnische. Die Bärinnen waren in ihren Käfigen. Die beiden Ärzte hatten sich verständigt. Kitchener röchelte. Speichel tropfte aus seinem Maul. Die Augen waren glasig auf einen fernen Punkt gerichtet. Sein braunes Fell sah räudig aus.

Die beiden Ärzte sahen sich an und nickten einander zu.

Das Telegramm nach Toronto an das 159. Infanterieregiment von Ontario lautete: »Kitchener ist tot *stop.*« Es war am 16. Juli 1938.

In Europa hatte sich bereits das Verhängnis zusammengebraut. Hitler verfolgte strikt seine Politik der »Eroberung neuen Lebensraumes«. Im Antikominternpakt hatte er sich mit Japan verständigt, mit Italien die »Achse Berlin-Rom« begründet. Das deutsche Heer wurde im Oberkommando der Wehrmacht gleichgeschaltet, Österreich »heim ins Reich« geholt. Es gab schon Hitlers Geheimbefehl an die Wehrmacht zur »Zerschlagung der Tschechoslowakei«, und die Konferenz von München stand vor der Tür. Chamberlain und Daladier glaubten noch an eine Wendung zum Guten, wenn man dem braunen Herrscher nur etwas Auslauf gönnte.

Trotzdem blickten die Menschen in England gerührt auf die Nachricht vom Tod des Regimentsbären Kitchener. Sie schüttelten die Köpfe. Die Älteren dachten flüchtig zurück an die Kriegszeit. Gott sei Dank, das war ausgestanden! Es sah zwar nicht gut aus in der Welt, aber wann sah es denn schon wirklich einmal gut aus? Nein, jeder mußte versuchen, dem Leben kleine Freuden und Erlebnisse abzuluchsen, jeden Tag aufs neue, denn das Dasein bestand nun einmal aus vielen einzelnen Tagen und unzähligen neuen Anfängen.

In den Zeitungen war Kitchener abgebildet mit Fotos aus seinen Glanzzeiten, mit Rose, auf den Hinterbeinen stehend und winkend – und natürlich fehlte das vergilbte Foto nicht, auf dem der ulkige Bursche mit seinem Regiment posierte und einen Stahlhelm trug.

Die Leute schmunzelten und meinten, der habe sein Leben mal wirklich gelebt! Dann gingen sie zur Tagesordnung über, wie es sich gehörte.

Auch die Betroffenheit in Kanada hielt sich in Grenzen. Klar, jeder mußte mal abtreten. General Powell ließ natürlich die Fahnen auf halbmast setzen. Die Männer, die mit in London gewesen waren, durften sie herablassen. Powell ließ antreten und krähte einige markige Worte. Ihm ging Kitcheners Tod schon nahe, denn mit dem Tier schien auch ein Stück seines eigenen Lebens dahingegangen zu sein. Er biß aber die Zähne zusammen, mahlte mit den Kieferknochen, reckte sich zwei Zentimeter höher als üblich und bewahrte Haltung.

Zu diesem Zeitpunkt lag William Rockwell in seinem breiten, niedrigen Bett und wartete. Percy stand wie angewurzelt am Fußende des Bettes, eine kräftige, ländlich wirkende Erscheinung. Er blickte den Vater aus denselben hellen Augen an, die dieser gehabt hatte, als er noch gesund und kräftig war. Nun war Williams Blick trübe. Aber er lächelte gefaßt, ja gelassen seiner kleinen Jenny zu, deren Gesicht vor Kummer geschrumpft zu sein schien. Ganz klein und grau war es, und die Lider hatten rote Flecken, die William verrieten, daß sie heimlich geweint hatte.

William hatte sich ein zusätzliches Kopfkissen unterschieben lassen, so daß er fast saß im Bett. Auf Umwegen erwischte ihn der längst vergangene Krieg jetzt doch noch. Ein Splitter hatte sich vereitert. Ein Blutgerinnsel war auf Wanderung durch den Körper gegangen und hatte das Herz erreicht.

Das Reden fiel William schwer. Die Puste war knapp. Trotzdem fand er, daß sie alle ein bißchen zu viel Aufhebens um ihn machten. »Percy?«

»Ja, Dad?«

»Wirst du es schaffen, mit Mom zusammen?«

»Mach dir bloß keine Sorgen, Dad!«

»Tu' ich nicht. Söhne, Tochter, eine liebe Frau, ein Haus, ein Lebenswerk, ein bißchen Wohlstand und viele glückliche Stunden – das war schon etwas. Da kann ich dankbar sein. Ein bißchen Gesundheit hätte ich mir gern noch gewünscht. Aber alles bekommt man eben nicht.« Er seufzte.

Jenny trat zu ihm und wischte ihm den Schweiß von der Stirn.

»Jenny, du warst immer eine gute Frau.«

»Sprich nicht so ... in der Vergangenheit, William Rockwell. Nimm dich gefälligst zusammen«, sagte sie möglichst forsch.

Tatsächlich mußte er lächeln. »Nun guck' sich einer diese kleine Person an! Immer groß den Schnabel auf. Hör immer gut zu, was sie sagt, Percy, das lohnt sich allemal. Ich weiß es.«

»Bestimmt, Daddy.«

»Jenny«, fuhr William fort, »ich war manchmal ein ungehobelter Klotz. Oft hast du sicher gedacht, dem könnte ich mal eine langen, aber dann hast du geschwiegen und nach einer Stunde wieder gelächelt. Ich habe das alles wohl gemerkt. Mit einer solchen Frau kann ein Mann Bäume ausreißen. Mit einer Frau wie Mom zur Seite, Percy, wird aus einem normalen Mann ein Sieger. Merk dir das, wenn du mal ans Heiraten denkst.«

»Bestimmt, Dad!«

»Jetzt mach aber mal einen Punkt, William Rockwell«, sagte Jenny möglichst streng und klopfte ihm die Kopfkissen zurecht. »Ich werde ja richtig verlegen. Soll ich nicht doch lieber Lucille und unseren Jim anrufen? Nur so, damit sie dir gut zureden?«

»Also meinetwegen. Mach nur. Sie sollen auch die Gören mitbringen. Ich will sie alle noch einmal sehen.« Erschöpft hielt William inne. Er röchelte leise.

Jenny ging auf die Diele hinaus und ans Telefon. Sie verständigte auch ihren Hausarzt, daß es schlimmer geworden sei. Sie weinte nicht mehr. Zu lange hatte sie bereits um William gebangt. Alle Tränen sind geflossen, dachte sie. Fürs erste. Vielleicht werde ich später wieder dieser Wohltat teilhaftig. Irgendwann werden die Tränen wieder fließen. Jetzt brauche ich alle Kraft, meinem geliebten Mann seine letzten Stunden und Tage zu erleichtern. Daß William sterben mußte, stand für sie fest.

Und er wußte es auch.

Bevor Sohn und Tochter eintrafen, kam überraschender Besuch. General Powell stand in der Tür. »Na, wie geht's unserem Patienten?« schmetterte er. Wenn er erschrak bei Williams Anblick, so ließ er es sich jedenfalls nicht anmerken.

William verzog sein Gesicht zu einer Art Lächeln. »Ich will auf meine alten Tage nicht extra lügen«, grinste er schief. »Mir ist's schon besser ergangen.«

Jenny schob Powell einen Stuhl ans Bett und gab ihrem jüngsten Sohn einen Wink mit den Augen. Sie verließen beide das Zimmer. Jenny wußte, wieviel diese Kameradschaft ihrem Mann bedeutete. Eine Frau konnte das nie nachfühlen. Es mußte etwas sein, das fast in den Tod hineinragte. Die gemeinsame Gefahr vielleicht, die sie damals ausgestanden hatten.

»Wußten Sie schon, daß der alte Rockwell abfährt? Oder hat Ihr Besuch eine andere Bedeutung als Abschied?« fragte William.

»Ich ... also ... nun ja, ich wollte Sie einfach mal so überfallen ...«

»Überfallen ... Tscha, ein Überfall auf mich würde sich nicht mehr lohnen. Ich bin groggy.«

»Soweit ist es noch nicht, William!«

»Schon gut. Ich bin im großen und ganzen nicht unzufrieden.«

»Ich auch nicht. Nicht privat. Aber es sieht nicht gut aus in der Welt. Europa ist mehr als ein großes Pulverfaß. Und wir beiden wissen ja nur zu gut aus eigener Erfahrung, daß wir hier in Kanada nicht weit vom Schuß sind. Ich denke mit Besorgnis an all die Söhne, auch an meinen Schwiegersohn.«

»Ich habe zwei Söhne und einen Schwiegersohn«, murmelte Rockwell, »möge Gott ihnen dieses Schicksal ersparen.«

»Amen.«

»Was wollten Sie nun wirklich, Herr General?«

Powell holte tief Luft. »Also gut. Ich wollte es Ihnen persönlich bringen ...« Er fummelte in der Tasche herum, und dann legte er das Telegramm aus London auf die Bettdecke.

William Rockwell sah nur flüchtig darauf hin, ohne es zu lesen. »Kitchener ist tot?«

»Ja. Ich habe schon mit London telefoniert. Es war Krebs. Er hat nicht gelitten.«

William Rockwell schloß die Augen. Als er sie wieder öffnete, glänzten sie unnatürlich. »Ist der alte Bursche mir also vorangegangen. Ob Bären wohl in den Himmel kommen? Ob es da eine besondere Bärenabteilung gibt? Vielleicht eine Art himmlischen Zoo mit Freigehege und täglichen Gaben von Mirabellen Marke ›Goudben und Co.‹ aus Los Angeles? Wissen Sie noch, wie wir ihn fanden? Der Micklewhite wäre fast umgekommen vor Lachen. Und wir haben sicher nicht oft im Leben so dämlich aus der Wäsche geguckt wie damals ...«

»Ich war noch Leutnant. Es hatte wochenlang gegossen. In Strömen. Die Deutschen pumpten ihre Stellungen leer«, sagte Powell versonnen.

»Ich habe oft daran gedacht.«

»Ich auch. Wir werden dieses Jahr zum ›Kitchener-Tag‹ eine große und besonders festliche Parade machen. Erholen Sie sich also bitte möglichst fix, damit Sie dann wieder auf den Beinen sind.«

William lächelte ein wenig. »Wir beiden brauchen uns doch nichts vorzumachen. Meine Uhr tickt nicht mehr lange. Ob es etwas mit Schicksal zu tun hat, daß Kitchener gerade jetzt gestorben ist?«

»Wer will das wissen?«

»Ich möchte es schon gern wissen. Überhaupt gibt es eine Menge Fragen, auf die ich noch keine Antwort bekommen habe.« William schloß die Augen. Seine Hand krampfte sich auf der Decke zusammen. Aschfahl wurde die Haut. Offenbar litt er furchtbare Schmerzen.

Powell erhob sich leise und wollte auf Zehenspitzen hinausschleichen.

Da flüsterte William Rockwell: »Die Parade ... Ich werde im Geiste dabei sein.«

Powell wandte sich noch einmal um und sagte sehr laut und fest: »Das weiß ich. Ohne Sie könnte diese Parade gar nicht stattfinden, mein Freund.«

Auf der Diele erwartete ihn Jenny. Ihre Augen spiegelten alles Leid der Welt, und Powell legte ihr den Arm um die Schulter. Trost konnte er nicht spenden, doch sollte sie wissen, daß ein Teil der Freundschaft, die sich zwischen ihm und William Rockwell im Laufe der vielen Jahre entwickelt hatte, auch ihr gehörte.

Zu William Rockwells Beerdigung erschien eine Abordnung des 159. Infanterieregiments von Ontario. Auf dem kleinen Friedhof von Port Hope, während die Glocke der kleinen Kirche eintönig läutete, senkten sich die Fahnen.

Lucille schluchzte. Jenny und Jim standen steif und ernst, mit trockenen Augen, nebeneinander. Der Pfarrer erhob die Stimme: »Zwar bist du groß, Mensch, aber klein vor Gott. Du wanderst mit im ewigen Zuge der Natur, von diesem Leben in ein anderes Leben, das wir Sterblichen nur erfassen können durch unseren Glauben.«

General Powell trat vor und sprach: »William Rockwell, deine Seele war immer für Wunder offen. Du hast auch im niedrigsten Geschöpf die Größe der Schöpfung erkennen können. So aufrichtig und treu, wie du dein Leben lang warst, werden wir über den Tod hinaus zu dir stehen. Leb wohl, alter Kamerad!«

An dem riesigen Kranz des 159. Infanterieregiments, den

zwei Mann tragen mußten, war auch ein kleines, vergilbtes Foto befestigt: Soldaten in strammer Haltung; sie waren mager, zeigten lachende Gesichter und hatten in ihrer Mitte einen Bären, der einen flachen Stahlhelm trug.

Powell machte sein Versprechen wahr. Die Parade am zwanzigsten Jahrestag von Compiègne wurde ganz groß aufgezogen. General Powell stand auf der Tribüne, die bis zum letzten Platz besetzt war mit Veteranen und ihren Angehörigen. Die geputzten und gewienerten Uniformen der Soldaten glänzten in der Sonne. Die Kapelle spielte zackig den Kitchener-Marsch. Die Fahnen knatterten. Alles wirkte bunt und heiter. Nichts wies darauf hin, daß es da die dunkle Seite gab aus Krieg und Abschied und Sterben.

Im kleineren Kreis aber ging später das Hauptereignis dieses 11. November 1938 in Szene.

Auf dem Kasernenhof fand es statt. Da waren die Veteranen noch einmal angetreten, manche schon ein wenig dick um die Taille, ein bißchen runzlig, nicht mehr ganz gerade, weil die Knochen nicht mehr so wollten und Rheumatismus in den Muskeln saß.

An der offenen Seite des Karrees standen Stühle für die Damen. Hier hatte auch Jenny Rockwell Platz genommen, sehr blaß in ihrem schwarzen Mantel. Sie hielt sich tapfer, wußte sie doch, was sich gehörte. Es war Aufgabe der Frauen, Haltung zu bewahren und zu schweigen, wenn die Männer die Welt irgendwo wieder einmal anzündeten.

Junge Soldaten schossen Salut. Trommeln wirbelten. Die Fahnen, die auf halbmast wehten, wurden hochgezogen. Sie flatterten im Wind.

General Powell stand klein und drahtig da und grüßte in die Ferne. Er grüßte in Gedanken sein geliebtes Land mit den Städten und Dörfern, den Seen und endlosen Feldern, den eisigen Wintern und den von Fruchtbarkeit berstenden Sommern. Er grüßte seine gefallenen Kameraden und dachte an William Rockwell und auch an den eigenen Tod, der hoffentlich noch lange nicht kommen würde.

»Männer!« rief er mit heller Stimme, und diesmal wuchs er um mindestens zwei Zentimeter. »Männer! Wir alle haben unser eigenes Leben, aber es gab eine Zeit, da lebten und überlebten wir gemeinsam, Schulter an Schulter. Diese Jahre waren so intensiv, daß sie uns für immer miteinander verbinden. Damals hatten wir noch einen Kameraden, und an den wollen wir heute denken. Es war ein Bär. Und wir tauften ihn Kitchener. Natürlich ist ein Tier ein Tier und kann und darf nicht als Mensch angesehen werden. Aber manchmal frage ich mich: War Kitchener wirklich nur ein einfacher Bär?«

Alle lachten.

Powell fuhr fort: »Und wenn er ein Tier war, dann doch zumindest ein ganz besonderes. Schließlich kann nicht jeder Bär ein Regimentsbär und Wappentier werden. Kitchener war treu, tapfer und schlau, das sind gute Eigenschaften für einen Soldaten. Und auch sonst, denke ich. Nun ist unser Maskottchen gestorben. Aber wir vergessen es nicht.«

Wieder wirbelten die Trommeln. Dabei wurde das weiße Tuch von einer großen Figur herabgezogen, und da stand also das nagelneue Denkmal auf dem Hof der Kaserne.

Ja, es war Kitchener, wie er leibte und lebte, auf den Hinterbeinen stehend, mit den Vorderpfoten winkend, mindestens zwei Zentner schwer und nunmehr ganz das, was er eigentlich schon zu Lebzeiten gewesen war: ein Symbol.

Powell sagte: »Wir haben alle noch einmal tief in die Tasche gegriffen, um diese Plastik in Auftrag geben zu können. Der Künstler heißt Jan Steen und ist ein Freund und Kollege von Jim Rockwell, dessen Vater, wie wir alle wissen, besonders eng mit Kitchener verbunden war. Er hat ihn entdeckt, geführt und später noch einmal in London besucht.

So schließt sich nun der Kreis. Ein dreifaches Hurra für Bär Kitchener!«

Sein Adjutant übergab ihm einen großen Strauß gelber Rosen, die er feierlich Jenny Rockwell überreichte.

Das Fest war zu Ende. Das Leben nahm seinen gewohnten Gang.

Im Londoner Zoo zog bald darauf ein neuer Bärenmann ein. Er war nicht ganz so mächtig wie Kitchener und natürlich auch nicht so populär. Manchmal fragte wohl noch ein Besucher: »Ist das der Regimentsbär aus dem ersten Weltkrieg?«

Dann schüttelte Mr. Bear traurig den Kopf.

KONSALIK

Bastei Lübbe Taschenbücher

Die Straße ohne Ende
10048 DM 5,80

Spiel der Herzen
10280 DM 6,80

Die Liebesverschwörung
10394 DM 6,80

Und dennoch war das Leben schön
● 10519 DM 6,80

Ein Mädchen aus Torusk
10607 DM 7,80

Begegnung in Tiflis
10678 DM 7,80

Babkin unser Väterchen
● 10765 DM 6,80

Der Klabautermann
● 10813 DM 6,80

Liebe am Don
11032 DM 6,80

Bluthochzeit in Prag
11046 DM 6,80

Heiß wie der Steppenwind
11066 DM 6,80

Wer stirbt schon gerne unter Palmen... Band 1: Der Vater
11080 DM 5,80

Wer stirbt schon gerne unter Palmen... Band 2: Der Sohn
11089 DM 5,80

Natalia, ein Mädchen aus der Taiga
● 11107 DM 5,80

Leila, die Schöne vom Nil
● 11113 DM 5,80

Geliebte Korsarin
● 11120 DM 5,80

Liebe läßt alle Blumen blühen
● 11130 DM 5,80

Es blieb nur ein rotes Segel
● 11151 DM 5,80

Mit Familienanschluß
● 11180 DM 6,80

Kosakenliebe
● 12045 DM 5,80

Wir sind nur Menschen
● 12053 DM 5,80

Liebe in St. Petersburg
●12057 DM 5,80

Ich bin verliebt in deine Stimme/Und das Leben geht doch weiter
● 12128 DM 5,80

Vor dieser Hochzeit wird gewarnt
● 12134 DM 6,80

Der Leibarzt der Zarin
● 14001 DM 5,80

2 Stunden Mittagspause
● 14007 DM 5,80

Ninotschka, die Herrin der Taiga
● 14009 DM 5,80

Transsibirien-Express
● 14018 DM 5,80

Der Träumer/Gesang der Rosen/Sieg des Herzens
● 17036 DM 6,80

Goldmann Taschenbücher

Die schweigenden Kanäle
2579 DM 7,80

Ein Mensch wie du
2688 DM 7,80

Das Lied der schwarzen Berge
2889 DM 7,80

Die schöne Ärztin
● 3503 DM 9,80

Das Schloß der blauen Vögel
3511 DM 8,80

Morgen ist ein neuer Tag
● 3517 DM 8,80

Ich gestehe
● 3536 DM 8,80

Manöver im Herbst
3653 DM 8,80

Die tödliche Heirat
● 3665 DM 7,80

Stalingrad
3698 DM 12,80

Schicksal aus zweiter Hand
3714 DM 9,80

Der Fluch der grünen Steine
● 3721 DM 8,80

Auch das Paradies wirft Schatten
Die Masken der Liebe
2 Romane in einem Band.
● 3873 DM 7,80

Verliebte Abenteuer
3925 DM 7,80

Eine glückliche Ehe
3935 DM 8,80

Das Geheimnis der sieben Palmen
3981 DM 8,80

Das Haus der verlorenen Herzen
6315 DM 9,80

Sie waren Zehn
6423 DM 12,80

Der Heiratsspezialist
6458 DM 9,80

Eine angesehene Familie
6538 DM 9,80

Unternehmen Delphin
● 6616 DM 8,80

Das Herz aus Eis
Die grünen Augen von Finchley
2 Romane in einem Band.
● 6664 DM 7,80

Wie ein Hauch von Zauberblüten
6696 DM 9,80

Die Liebenden von Sotschi
6766 DM 9,80

Ein Kreuz in Sibirien
6863 DM 9,80

Im Zeichen des großen Bären
● 6892 DM 7,80

Wer sich nicht wehrt...
● 8386 DM 9,80

Schwarzer Nerz auf zarter Haut
6847 DM 7,80

Die strahlenden Hände
8614 DM 10,–

Wilder Wein
● 8805 DM 7,80

Der Gefangene der Wüste
8823 DM 9,80

Sommerliebe
8888 DM 7,80

Promenadendeck
8927 DM 9,80

Duell im Eis
8986 DM 8,80

Liebe auf dem Pulverfaß
9185 DM 7,80